ulmer

FERDINAND LAUDAGE

CRAFT BIER

FÜR Ungeduldige

SCHNELL – SPANNEND – SELBST GEBRAUT

INHALTSVERZEICHNIS

INFOS IMMER GRIFFBEREIT
Unter www.ulmer.de/craft-bier-fuer-ungeduldige findest du einige Inhalte aus dem Buch auch als praktische Downloads.

FREIE ZEIT IST EIN KOSTBARES GUT …

… und kaum jemand hat sie im Überfluss. Als Kind langweilt man sich ständig, als Erwachsener kommt man schlichtweg nicht mehr dazu, Langeweile zu haben.

Die Zeit rennt. Morgens ruft die Arbeit, nachmittags wollen die Kinder zum Sport gebracht werden. Und abends meldet sich noch das schlechte Gewissen, denn das Finanzamt wartet schon viel zu lange auf die Steuererklärung. Und weil man seine Liebsten auch nicht vernachlässigen möchte, bleibt selbst am Wochenende oft nur ein kleines Zeitfenster für einen entspannten Ausgleich zum stressigen Alltag.

Da du nun dieses Buch in deinen Händen hältst, gehe ich davon aus, dass du in der Vergangenheit schon damit geliebäugelt hast, mal dein eigenes Bier zu brauen. Doch beim Recherchieren im Netz bist du vermutlich über einen 8-Stunden-Brautag, eine 14-Tage-Gärung und die obligatorische sechswöchige Reifezeit gestolpert. Keine Sorge, das geht auch schneller.

In diesem Buch widme ich mich der Lösung dieses Problems. Ich gehe mit dir durch den vereinfachten Brauprozess, damit du schon bald dein erstes Selbstgebrautes genießen kannst und dafür möglichst wenig freie Zeit opfern musst.

Wir verkürzen den Brautag effizient, und das Ergebnis wird dich begeistern: Nach weniger als 3 Stunden ist der Sud gebraut, nach circa 3 Tagen hat die Hefe ihn vergoren. Und nach spätestens 3 Wochen kannst du es dann in gemütlicher Runde zusammen mit deinen bierbegeisterten Freunden schon genießen: dein erstes eigenes Craftbier, im wahrsten Sinne des Wortes: eben „handgemacht".

Dass Gärung und Reifung derartig schnell vonstattengehen, haben wir übrigens einer norwegischen Wunderhefe namens Kveik zu verdanken. Was sie so besonders macht und wie du sie zu Höchstleistungen bringst, verrate ich dir auch in diesem Buch. Außerdem habe ich mir einige brauerfahrene Craftbierexperten mit ins Boot geholt, die ihr Wissen und ihre Braurezepte gerne mit dir teilen möchten.

Ich wünsche dir viel Spaß bei der Lektüre und allzeit gut, aber vor allem **schnell** Sud!

DIE CRAFTBIEREXPERTEN

Manchmal muss man neidlos anerkennen, dass andere Brauer in der Vergangenheit schlichtweg mehr Erfahrung in einem bestimmten Themengebiet gesammelt haben als man selbst.

Und dann ist es besonders wichtig, dass man sich richtig gut mit ihnen versteht. Denn das erhöht die Chance, sie als Experten für ein Buchprojekt wie dieses gewinnen zu können. Danke an **Dominik**, **Daniel**, **Lukas**, **Dave** und **Paul** für eure wertvollen Beiträge.

Im August 2015 lernte ich **Dominik Pietsch** bei einem Junggesellenabschied in Dortmund kennen. Er ließ gemeinsam mit Freunden den baldigen Bräutigam hochleben, während ich der Truppe zeigte, wie man auf einer kleinen Brauanalage sein eigenes Bier herstellen kann. Dieser gemein-

Dominik Pietsch (Flügge)

same erste Brautag muss bei Dominik, damals noch als selbstständiger Fotograf tätig, einen bleibenden Eindruck hinterlassen haben, denn wenig später gründete er das Brauprojekt **„Flügge"**. Obgleich es die Brauerei mittlerweile nicht mehr gibt, blieben Wildes, Fruchtiges und Saures stets seine Passion. Wenn du dich auch für Sauerbier begeistern kannst, findest du auf Seite 106 ein Rezept für ein saures Saison aus der Feder von Dominik.

Daniel Lessig ist Handwerker: Der Dortmunder schraubt im Hauptberuf Neuwagen und im Nebenberuf erstklassige Biere zusammen. Erste Heimbrauversuche wagte er nach dem Studium meines Buchs „Craftbier einfach selber brauen". Umso erleichterter bin ich, dass seine Brauergebnisse heute allesamt ausgezeichnet schmecken. Als sich 2021 die Chance ergab, die alte Wurstküche eines Metzgers in Dortmunds Nachbarstadt Schwerte zur eigenen Brauerei umzubauen, machte der Enkel eines Bierkutschers zügig Nägel mit Köpfen. Seit 2022 gibt es nun Schwerter Bier Dortmunder Ursprungs in **„Lessig's Brauwerkstatt"**. Mein persönliches Lieblingsbier von Daniel ist das KVEIPA. Das Rezept dazu haben wir gemeinsam weiterentwickelt. Du findest es auf Seite 96.

Daniel Lessig (Lessig's Brauwerkstatt)

Dave Chebbi und **Paul Schüßler** sind Bierenthusiasten und bloggen übers Heimbrauen. Gemeinsam betrieben sie lange Zeit den **„Just Brew It"**-Podcast, in dem sie regelmäßig von ihren Brauerfahrungen berichteten und über Selbstgebrautes fachsimpelten. Sowohl Dave als auch Paul haben zu diesem Buch spannende Rezept-

Dave Chebbi

Paul Schüßler

ideen beigesteuert. Paul erklärt dir zudem noch, worauf es beim Brauwasser überhaupt ankommt, und Dave verrät dir, wie man Raw Ales herstellt.

Seit 2015 entwickelt **Lukas Beckmann** mit Leidenschaft Rezepte, organisiert Zutaten und packt Pakete. Der gelernte Grafiker wollte damals unbedingt einen Service für besonders gestresste Hobbybrauer schaffen und ihnen viel Vorarbeit abnehmen. Unter **www.braumischung.de** findet man fertige Braupakete für viele spannende Bierstile. Wer also während der Arbeitswoche keine Zeit findet, sich die einzelnen Zutaten eines Rezepts im Netz bei verschiedenen Händlern zusammenzuklicken, kann online direkt eine passende Braumischung ordern. Lukas' **„Hallertau Juice"** ist ein besonders hopfenintensives Bier, dessen Rezept du auf Seite 94 findest. Wenn du es nachbrauen möchtest, findest du das passende Braupaket natürlich auch in seinem Online-Shop.

Lukas Beckmann (braumischung.de)

AUF INS TURBO-BRAU-ABENTEUER!

Es wird allerhöchste Zeit für dein eigenes leckeres Craftbier. Diese Brauanleitung wird dir dabei helfen, 20 Liter süffiges Selbstgebrautes herzustellen. Und das in Rekordzeit.

SCHRITT

1

DIE VORBEREITUNG

Ehe du mit dem Bierbrauen beginnen kannst, musst du natürlich einen passenden Standort für deine neue Hausbrauerei finden. Außerdem steht eine Shopping-Tour im Internet an.

Der Braustandort

In der Küche, auf der Terrasse, auf dem Balkon oder sogar im Keller: Prinzipiell kann dein Bier überall entstehen. Wichtig ist lediglich, dass eine **Steckdose** und ein **Spülbecken** in der Nähe sind. Ausreichend Platz für deine Brauarbeiten sollte natürlich auch vorhanden sein.

Was nicht fehlen darf, ist ein kleiner **kompakter Tisch,** der einen vollen Topf tragen kann und etwa 50 cm misst. Die Low-Budget-Lösung wäre stattdessen eine **leere Bierkiste**, die umgedreht aufgestellt auch stabil genug ist.

Die Ausrüstung

Das Heimbrauen ist sicherlich nicht das kostenintensivste Hobby, doch mit **250 Euro bis 350 Euro** musst du als Erstinvestition schon rechnen. Vielleicht findest du aber auch schon das eine oder andere brauchbare Utensil in deiner Küche: Eine **Waage**, einen **Messbecher** und ein (Fleisch-)**Thermometer** sind auf jeden Fall notwendig und warten in einem deiner Küchenschränke vielleicht auf ihren großen Einsatz.

DIE BRAUANLAGE

Eine leistungsstarke **Brauanlage** ist absolut essentiell, denn ohne sie kann's kein Schnellbier geben. Warum? Tauchen wir am besten direkt ein in den Brauprozess: Unser Brautagesziel ist es, etwa 20 Liter **Bierwürze** herzustellen. Bierwürze ist eine zuckerhaltige Lösung und gleichzeitig die Vorstufe von Bier.

Den Zucker gewinnen wir aus unserem geschroteten **Gerstenmalz**, indem wir es zunächst in einem Topf mit einer ersten Menge heißem Wasser, auch **Hauptguss** genannt, vermengen und quellen lassen. Nach und nach lösen sich bei konstanter Temperatur die **Malzzucker** im Wasser. Dieser Vorgang wird **Maischen** genannt. Weil wir aber später kein Müsli im Glas haben möchten, müssen die festen Bestandteile, der **Biertreber**, von den flüssigen Bestandteilen, also der Bierwürze, getrennt werden. Dieser Filterprozess nennt sich **Läutern**. Damit möglichst wenig Zucker im Treber zurückbleibt, schütten wir nochmal heißes Wasser darüber. Diese zweite Wassermenge heißt **Nachguss**.

Während der ausgelaugte Biertreber für uns keine weitere Bedeutung mehr hat, muss unsere Bierwürze nun zusammen mit dem **Hopfen** gekocht werden. Das ist unter anderem deswegen von Belang, weil der Hopfen erst bei hohen Temperaturen seine Bitterstoffe an die Würze abgibt. Sind denn **Bitterstoffe** im Bier so wichtig? Auf jeden Fall. Denn von bitteren Getränken kann man in der Regel mehr trinken als von pappsüßen. Kaffeetrinker können davon ein Lied singen.

Erst die **Hefe** macht aus unserer Bierwürze schlussendlich einen alkohol- und kohlensäurehaltigen Durstlöscher. Doch dazu erzähle ich dir später mehr.

Wir brauchen also erstmal richtig Power, denn wir wollen ja 20 Liter Würze zum Kochen bringen. Entsprechend viel Leistung benötigt unsere Heizquelle.

WELCHES BRAUSETUP PASST ZU DIR?

Brausetup 1

Braukessel mit Maischekorb: höherer Preis, aber schneller am Ziel

Die Firma Klarstein bietet seit einigen Jahren bereits eine platzsparende und leistungsstarke Brauanlage namens **„Maischfest"** an, die zusätzlich einen **Maischekorb** beinhaltet. Der Clou: Mit diesem Korb kannst du später das ausgelaugte Malz wunderbar von der zuckrigen Bierwürze trennen, indem du ihn einfach aus dem Braukessel heraushebst. Bei 3000 Watt an Leistung ist die Kochtemperatur für die Würze auch schnell erreicht – und wenn wir eins wollen, dann ist es doch, schnell ans Ziel zu kommen.

Der Brautopf ist in unterschiedlichen Größen verfügbar: mit 25, 30 und 35 Litern Fassungsvermögen (Kosten zwischen 200 und 300 Euro). Mit allen drei Töpfen kannst du problemlos 20 Liter Bier brauen. Die größeren Töpfe ermöglichen dir aber zudem die Verwendung von mehr Malz. Und mehr Malz bedeutet im besten Fall auch mehr Malzzucker für die Hefe, die dann daraus ein stärkeres Bier zaubern kann.

Der Lieferumfang umfasst außerdem eine Kühlspirale, mit der du deine Würze recht zügig auf die optimale Gärtemperatur für deine Hefe herunterkühlen kannst. Das ist besonders dann sehr praktisch, wenn du auch in heißen Sommermonaten nicht aufs Bierbrauen verzichten möchtest.

Ein weiterer Pluspunkt: Der Maischekorb ist schnell durchgespült (am besten im Garten mit dem Schlauch, sonst in der Badewanne oder in der Dusche) und auch die Reinigung des Kessels ist mit einem Schwamm und heißem Wasser nach dem Kochen ziemlich unkompliziert.

Brausetup 2

Einkocher mit Maischesack: sehr günstig, aber zu langsam auf den letzten Metern

Sollte bei dir im Keller ein klassischer **Einkochtopf,** auch bekannt als „Glühweintopf", zustauben, habe ich eine gute Nachricht für dich: Du kannst damit Bier brauen. Der Topf sollte allerdings 27 bis 30 Liter fassen und mindestens 1800 Watt (besser: 2000/2500 Watt) leisten können. Bestenfalls ist er außerdem aus Edelstahl und nicht aus Emaille, da Edelstahl die Temperatur besser hält. Der Topf sollte auch einen langlebigen Kugelhahn aus Edelstahl und keinen kurzlebigen Kunststoffauslaufhahn haben.

Den fehlenden Maischekorb kannst du durch einem **Maischesack,** auch **Brewbag** genannt, (etwa 20 bis 30 Euro) ersetzen.

Gemaischt wird dann nach **„Brew-in-a-Bag"**-Methode, kurz BIAB. Dabei wird das geschrotete Malz in diesen überdimensionalen Teebeutel geschüttet, der bereits im Topf voller heißem Wasser liegt. Wie der Maischekorb kann auch der Sack mit dem ausgelaugten Malz später einfach aus dem Topf herausgehoben werden. Danach wird er ausgedrückt, z. B. auf einem Grill- oder Ofenrost, den du auf dem Topf platzierst. Mit heißem Wasser kannst du den restlichen Zucker, der noch im Biertreber steckt, herausspülen. Die anschließende Reinigung ist auch hierbei recht simpel. Der Treber wird entsorgt, das Netz auf links gedreht und mehrfach mit heißem Wasser ausgespült. Fertig.

„Brew in a Bag" ist einfach, günstig und vor allem zeitsparend. Doch weil die Heizleistung eines Einkochautomaten nur selten 2000 Watt übersteigt, verschwendest du wertvolle Minuten beim Aufheizen.

INFO UND WAS GIBT'S SONST NOCH SO AUF DEM MARKT?

Beispielsweise vollautomatische Brauanlagen mit Umwälzpumpe, die für dich sicherlich auch irgendwann spannend werden könnten, wenn du dein volles Braupotenzial ausschöpfen möchtest. Mit diesen recht teuren Anlagen können geschmacklich noch komplexere Biere entstehen. Die Maischeprogramme dauern allerdings auch länger, ebenso ist der Reinigungsaufwand größer.

Die Shoppingtour geht weiter

Was brauchst du noch? Auf jeden Fall einen **Gäreimer** aus lebensmittelechtem Kunststoff, in dem deine Bierwürze später zu Bier werden kann. Die gängigen weißen 30-Liter-Gärbottiche mit Literskalierung, Deckel, Auslaufhahn und Gärröhrchen gibt es für circa 20 Euro in allen Onlineshops für Hobbybrauer. Eine nachhaltige Lösung aus Edelstahl bekommst du ab 120 Euro.

Eine **Bierwürzespindel** (mit Standzylinder) oder ein **Refraktometer** sollten ebenfalls auf deiner Online-Shoppingtour im Warenkorb landen. Damit kannst du den Zuckergehalt deiner Bierwürze und des später frisch vergorenen Jungbiers überprüfen. Mit beiden Werten kannst du nach der Gärung errechnen, wie alkoholhaltig dein Selbstgebrautes geworden ist.

Selbstverständlich muss dein vergorenes Heimgebrautes irgendwann in Flaschen abgefüllt werden. Achte beim Kauf unbedingt darauf, dass du Braunglas- und keine Grünglas- oder sogar Klarglasflaschen für dein Bier verwendest. Braunes Glas schützt den Hopfen in deinem Bier besser vor direkter und längerer Sonneneinstrahlung als andersfarbige Flaschen. Wenn Hopfen zu viel Licht und Wärme ausgesetzt ist, entwickelt sich in deinem Bier der sogenannte **Lichtgeschmack**. Dieses unerwünschte Fehlaroma äußert sich durch einen penetranten muffigen, stark an Cannabis erinnernden Gestank, der den feinen frischen Hopfenton vollends verdrängt. Deshalb ist die braune Flasche für dein eigenes Bier jederzeit die beste Wahl.

Die **Halbliterbügelflaschen** kannst du im Internet ab 1,20 Euro pro Stück bestellen. Günstiger wird's natürlich, wenn du im Getränkemarkt gefüllte Bierflaschen kaufst und sie nach dem Leertrinken für deine Zwecke des Abfüllens nutzt. Selbstverständlich finden diese Flaschen irgendwann auch wieder den Weg in den Pfandkreislauf zurück. Sie sind ja schließlich nur eine Leihgabe.

Beim „selbstgemachten“ Leergut reicht es völlig aus, wenn du die Flaschen nach dem Genuss des Bieres ein-, zweimal heiß ausspülst. Wichtig ist, dass keine Hefereste mehr am Flaschenboden sind. Danach kommt die Flasche zu den anderen in die Kiste. Am Tag des Abfüllens wird dein Leergut dann nochmal keimarm gemacht, ehe es – befüllt mit deinem ersten Selbstgebrauten – wieder zu Vollgut wird.

Was du außerdem noch zum Start benötigst, steht auf der folgenden Einkaufsliste.

Die Equipment-Checkliste

Für das Brauen der Bierwürze:

- Klarstein „Maischfest“ (25, 30 oder 35 Liter Fassungsvermögen; 200 bis 300 Euro) oder (Edelstahl-)Einkocher (27 bis 30 Liter, mindestens 1800 Watt) mit Ablasshahn (ab 150 Euro) sowie Maischesack/Brew-Bag (20 bis 30 Euro)
- Messbecher (mindestens 1 Liter Fassungsvermögen, 3 bis 5 Liter sind optimal; 6 Euro)
- Braulöffel aus Holz (mindestens 30 cm lang, 60 cm sind optimal; 8 Euro)
- Digitales Küchenthermometer
- Küchenwaage
- Wasserkocher
- Brauerjod (50 ml; 4 Euro)

Für die Gärung:

- Gäreimer aus lebensmittelechtem Kunststoff (30 Liter Fassungsvermögen) mit Deckel, Auslaufhahn und Gärröhrchen (20 Euro)
- Optional (aber empfehlenswert): Heizmatte für Terrarien oder Zimmergewächshäuser mit Thermostatregler bis 40 °C (35 Euro)

Für die Desinfektion und Reinigung:

- Isopropanol (70 %) (1000 ml; 12 Euro)
- Reines Soda bzw. Natriumcarbonat ohne Duftstoffe (500 g; 1,50 Euro)

Für die Bestimmung des Zuckergehalts:

- Bierwürzespindel (auch Saccharimeter; Messbereich: 0 – 20 %, bei einer Einteilung von 0,5 %) (7 Euro) mit Standzylinder (5 Euro)
  ... oder ...
- Refraktometer (Messbereich: 0–32 Brix; mit automatischer Temperaturkompensation, kurz: ATC, 25 Euro)

Für das Abfüllen:

- Mindestens 40 saubere Halbliterbügelflaschen (Braunglasflaschen; etwa 30 Euro)
- Dosierhilfe für Zucker (1,50 Euro) und ein Trichter
- Abfüllröhrchen (3,50 Euro)

SCHRITT

2

DIE REZEPTAUSWAHL

Die Entscheidung über deine Brauanlage ist gefallen, und auch das Equipment ist soweit ausgewählt. Nun geht's an die Rohstoffe. Doch vorab muss natürlich geklärt sein, welches Bier du bei deiner Premiere brauen möchtest.

Weil du vermutlich schon reichlich Erfahrung im Trinken von Hellem oder Pils gesammelt hast, magst du sicher direkt an eines dieser beiden Lagerbiere denken. Doch die ernüchternde Wahrheit ist: Die untergärige Hefe ist eine absolute Diva, braucht sie doch über eine lange Zeit eine konstant niedrige Gärtemperatur. Einfacher wird's, wenn du dich an einem hellen **Ale** versuchst. Denn die hierfür notwendige obergärige Hefe arbeitet bei Raumtemperatur bestens und vergärt zügig. Das Ergebnis ist geschmacklich auch nicht schlechter als bei untergärigen Hefen, ganz im Gegenteil. Obergärige Hefe hat ihren eigenen Charakter, bringt je nach Sorte blumige bis fruchtige Noten mit ins Bier. Und sie verzeiht dem Anfänger kleinere Braufehler, indem sie geschmackliche Mängel im fertigen Bier einfach mit ihrer komplexen Aromatik überdeckt.

Quick'n'Kveik

Dein Ziel sollte also die Herstellung von knapp 20 Litern obergärigem Hellen sein mit einer runden Hopfenaromatik und einer ausgewogenen, aber nicht übertriebenen Bittere von 28 bis 32 IBU (Bittereinheiten), der Alkoholgehalt sollte zwischen 4,5 und 5 Vol.-% Alkohol liegen. Mit anderen Worten: ein süffiges Ale mit geringem

Trinkwiderstand, das garantiert kaum jemandem in deinem Freundeskreis nicht schmeckt und bestenfalls allen sogar sehr gut.

Die obergärige Hefe deiner Wahl sollte unbedingt eine norwegische Kveik sein. Denn nur Kveiks sind in der Lage, superschnell zu vergären und ein trinkreifes Bier nach zwei bis drei Wochen zu erzeugen. Der Name für dein Schnellbier liegt damit auch schon auf dem Silbertablett: **Quick Pale Ale** klingt doch griffig, oder nicht?

INFO WAS SIND IBUS?

Die Bitterkeit ist eine der wichtigsten Charaktereigenschaften von Bieren und wird in International Bitterness Units gemessen. Die heute durch die Fernsehwerbung bekannten Pilsener haben im Schnitt nur noch 25 IBU. Dagegen können herbere Pilsener aus Norddeutschland um die 40 IBU aufweisen. Bayrische Helle oder Kölsch-Biere haben selten mehr als 20 IBU. Allgemein rückt die Bittere in industriellen Brauerzeugnissen immer mehr ins zweite Glied. Ganz anders ist es in der Welt der Craftbiere, die oft bitterer und dadurch auch charaktervoller daherkommen.

SCHRITT

3

DIE ROHSTOFFE BESORGEN

Für das Quick Pale Ale benötigst du natürlich die vier bekannten Grundzutaten: Aus Wasser, Gerstenmalz, Hopfen und Hefe wird ein wohlschmeckender Durstlöscher. Eine kleine Menge Haferflocken zusätzlich liefert einen stabilen Schaum. Und damit dein Bier auch spritzig daherkommt, lässt du die Hefe mit ein wenig Haushaltszucker später noch ein zweites Mal gären. So entsteht ausreichend Kohlensäure in der Flasche.

Details zu den einzelnen Rohstoffen und den verschiedenen Sorten findest du ab Seite 60.

Wasser …

… kommt aus dem Hahn in deiner Küche und kann in den allermeisten Fällen ohne eine weitere Aufbereitung zum Brauen deines Bieres bedenkenlos verwendet werden. In manchen Fällen ist es aber sinnvoll, Wasser vor dem Brauvorgang aufzubereiten. Craftbier-Experte Paul Schüßler erklärt dir auf Seite 62, wann eine professionelle Wasseraufbereitung wirklich sinnvoll ist und wie du dabei vorgehen musst.

Malz …

… gibt es aberhunderte Sorten von vielen verschiedenen Mälzereien. Es geht schon bei der zugrunde liegenden Getreidesorte los: Es gibt Malze aus Gerste, Weizen, Dinkel, Roggen oder Hafer, es gibt sie von hell bis dunkel, von karamellig bis röstig. Für unser **Quick Pale Ale** eignen sich vor allem zwei Gerstenmalzsorten, Pilsener Malz oder Pale-Ale-Malz. Außerdem kannst du noch ein wenig helles Karamellmalz einsetzen. Das fördert die Vollmundigkeit deines Selbstgebrauten und bringt einen Hauch Restsüße mit ins Bier.

Achte darauf, dass du das Malz geschrotet bestellst, dann sparst du zusätzliche Anschaffungskosten für eine Schrotmühle und unnötige Arbeitszeit. Mehr Informationen zum Malz findest du ab Seite 66.

Hopfen …

… ist nicht gleich Hopfen. Es gibt über 280 Kulturhopfensorten weltweit und darüber hinaus auch noch unzählige Wildhopfensorten. Ohne Hopfen würde dein Bier eintönig schmecken und zudem schnell ungenießbar sauer werden. Doch dank seiner antibakteriellen Wirkung sorgt der Hopfen dafür, dass andere Mikroorganismen, z. B. Essigsäurebakterien, von deinem guten Trunk fernbleiben. Auf Seite 70 findest du eine Übersicht der spannendsten Hopfensorten. Wähle eine Sorte aus, deren Aromabeschreibung dich besonders anspricht.

Bestelle den Hopfen dann in einem der Braubedarfshops online in ausreichender Menge. Wie viel du benötigst, kannst du der Hopfentabelle für die Dosierung auf Seite 73 entnehmen. Achte darauf, dass du Hopfen in Pelletform (Typ 90) und nicht als Dolden bestellst. Die natürlichen Dolden sehen zwar hübscher aus, nehmen in unserem Topf aber später zu viel Platz weg und lassen sich nur sehr schlecht wieder herausfiltern. Was du sonst noch über Hopfen wissen musst, ist ab Seite 115 zusammengefasst.

Hefe …

… ist unersetzlich, denn erst die Hefe macht aus deiner Würze ein wohlschmeckendes Bier. Wichtig ist insbesondere, dass du immer zu einer echten Reinzuchthefe greifst und nicht auf die Idee kommst, die günstige Backhefe aus dem Supermarkt für die Gärung zu verwenden. Du würdest dann zwar schlussendlich auch ein Brauerzeugnis erhalten, doch sicher kein leckeres. Reinzuchthefen sind, wie der Name schon sagt, extra für die jeweiligen Bierstile gezüchtet worden und bringen die stiltypischen Aromen mit in dein Bier. Sie sind zwar etwas teurer, liefern dafür aber ein optimales Gärergebnis, wenn du dich an die Temperaturvorgaben hältst. Für das Quick Pale Ale sollte deine Wahl, wie schon angemerkt, auf eine **Kveik**-Hefe fallen. In den meisten Braushops findest du die Sorte **Voss,** die für ein herrlich sommerliches Orangenaroma verantwortlich sein wird. Mehr zu Hefen: ab Seite 74.

Rohstoff-Einkaufsliste

In deiner Einkaufsliste findest du einige Optionen, zwischen denen du bei deinem ersten Bier direkt wählen kannst. Sie lassen sich bunt miteinander kombinieren:

- **5,5 kg helles Gerstenmalz** (Pilsener Malz oder Pale-Ale-Malz), geschrotet (16,50 Euro)
- **500 g helles Karamellmalz**, geschrotet (1,50 Euro)
- **150 g Haferflocken** für einen schönen cremigen Schaum (0,50 Euro)
- Circa **100 g Hopfenpellets (Typ 90)** einer Sorte deiner Wahl. Achte auf den Alphasäuregehalt des Hopfens und schaue vorab in der Übersicht auf Seite 73 nach, wie viel Gramm du von der ausgewählten Sorte insgesamt benötigst (etwa 5 Euro)
- **1 Packung Trockenhefe**: Voss Kveik (4 Euro)
- **30 Liter Leitungswasser**
- **1 Packung Haushaltszucker** (1 Euro)

TIPP EINE SCHAUFEL MEHR MALZ

Aller Anfang ist schwer, und Fehler passieren, gerade zu Beginn einer Heimbraukarriere. Wenn am Ende weniger Zucker als geplant aus dem Malz gewonnen wird, droht dem Neuling ein Leichtbier. Darum empfehle ich, für den ersten Sud einfach eine Schaufel mehr vom Basismalz mit einzumaischen. Sicher ist sicher.

SCHRITT

4

BRAUANZEIGE BEIM ZOLL

Eigentlich war die private Herstellung von Bier in Deutschland nach dem zweiten Weltkrieg verboten. Heute darf in jedem Haushalt pro Jahr 200 Liter Bier steuerfrei gebraut werden. Einzige Voraussetzung ist die Anmeldung beim Zoll, die sogenannte Brauanzeige.

Von 1952 bis in die 80er-Jahre war das Heimbrauen in der Bundesrepublik Deutschland gänzlich verboten, um nach dem zweiten Weltkrieg die kommerzielle Brauwirtschaft nicht zusätzlich zu schwächen. Erst 1982 erlaubte man es Jean Pütz, in seiner Do-it-yourself-Sendereihe „Hobbythek" ein Bier mithilfe von Küchenutensilien herzustellen. Seitdem darf jeder Bundesbürger bis zu 200 Liter Bier im Jahr für den eigenen Gebrauch steuerfrei brauen, sofern er als Heim- oder Hobbybrauer beim Zoll gemeldet ist. Diese sogenannte **Brauanzeige** muss beim zuständigen Hauptzollamt jedes Jahr wiederholt werden.

Und so geht's: Zunächst findest du auf der Webseite **www.zoll.de** heraus, welches Hauptzollamt für deinen Wohnort zuständig ist. Dann reicht eine formlose E-Mail völlig aus, um dich als neuen Heimbrauer zu melden. Wichtig ist, dass die Brauanzeige vor dem ersten Einmaischen verschickt wird und das Datum deines ersten Brautages mit angegeben ist. Sobald du die Anmeldung abgeschickt hast, kannst du mit dem Bierbrauen beginnen. Die Bestätigung des Zollamts musst du nicht abwarten.

INFO UND WENN ICH MEHR ALS 200 LITER BRAUEN MÖCHTE?

Wer in Deutschland als Heimbrauer mehr brauen möchte, wird zur Kasse gebeten. Diese Steuern fallen bei durchschnittlich 2 Euro pro 20-Liter-Sud zwar nicht sonderlich ins Gewicht, müssen aber unbedingt gezahlt werden. Solltest du diesen Betrag nicht entrichten, wäre das bereits eine versuchte Steuerhinterziehung. Am besten besprichst du den weiteren Verlauf direkt mit deinem zuständigen Zollbeamten.

SCHRITT

5

GRUNDREINIGUNG

Reinlichkeit spielt beim Bierbrauen eine wichtige Rolle. Wenn du nicht sauber arbeitest, kann dein Bier im schlimmsten Fall verderben, schon bevor es in der Flasche ist. Doch bloß keine Panik, bleib entspannt: Übertriebene Hygiene und steriles Arbeiten sind nicht erforderlich.

Besonders zu Beginn eines Brautages brauchst du es nicht zu übertreiben: Reinige alle Gerätschaften einfach nur mit heißem Wasser. Ich Schlaumeier habe meinen Topf damals vor dem ersten Brauversuch sicherheitshalber mit hochprozentigem Alkohol desinfiziert, weil ich irgendwo gelesen hatte, wie immens wichtig sauberes Arbeiten ist. Das war absolut unnötig, schließlich steigt im Brauprozess das Thermometer auf 100 °C an. Die Überlebenschancen für die meisten Bakterien sind dabei gleich null.

Und wenn die Gerätschaften und Utensilien nach dem Brauen oder der Gärung stark verschmutzt sind, hi ft neben heißem Wasser einfach Soda, also Natriumcarbonat. Fündig wirst du schnell im Drogeriemarkt. Achte aber darauf, dass es wirklich reines Soda ohne Duftstoffe ist. Es gibt dort einige natürliche Wäschebleicher auf Sauerstoffbasis, die die Brau- und Gärrückstände sicherlich auch wunderbar lösen würden, allerdings enthalten sie in der Regel Duftstoffe, die wir nicht im nächsten Bier wiederfinden wollen. Wenn dich Kalkrückstände nach dem Reinigen stören, nimm einfach Zitronensäure. Die findest du auch im Drogerie- oder gut sortierten Supermarkt.

Genug der Vorbereitungen: Nun kann dein Turbo-Brauabenteuer endlich starten! Die Anleitung nimmt dich ab jetzt Schritt für Schritt mit durch den Brautag und zeigt dir, wie mit dem 30-Liter-Braukessel „Maischfest" im Handumdrehen ein süffiges Quick Pale Ale entstehen kann.

Damit du siehst, wie wenig Zeit du in etwa für die einzelnen Arbeitsvorgänge einplanen musst, begleitet dich ab der nächsten Seite unser Brauzeitmesser. Wir starten natürlich bei Minute 0. Los geht's!

0 MINUTEN VERGANGEN

SCHRITT

6

BRAUKESSEL AUFHEIZEN

Dein Braukessel ist durchgespült und steht nun am ausgesuchten Braustandort auf einem kleinen Tisch oder der Bierkiste. Seine erste Aufgabe sollte er in knapp 15 Minuten bewältigt haben: das Einmaischwasser erhitzen.

Der **Hauptguss** muss zunächst auf eine Temperatur von 73 °C gebracht werden. Fülle dazu nach und nach 18 Liter möglichst heißes Leitungswasser in deinen Kessel. Je heißer es bereits aus dem Hahn kommt, desto kürzer ist logischerweise die Aufheizphase. Tippe die **Zieltemperatur von 73 °C** auf der Bedienfläche unten am Kessel ein, die Heizung startet wenige Augenblicke danach automatisch. Achte auch darauf, dass der Kippschalter auf 3000 und nicht auf 1500 Watt steht.

Wenn das Wasser seine Zieltemperatur erreicht hat, lass den Maischekorb langsam in den Topf gleiten. Im Anschluss schaltest du die Brauanlage komplett ab. So verhinderst du, dass die Heizung des Kessels automatisch wieder aufheizt, sobald du im nächsten Schritt das kühlere Malz hinzugibst. Die Maische soll nämlich auf 67 °C abkühlen.

15 MINUTEN VERGANGEN

SCHRITT

7

EINMAISCHEN

Sobald sich das geschrotete Malz im heißen Wasser ausbreitet, beginnt augenblicklich die Verzuckerung. Es duftet dann herrlich getreidig, nach Biskuit und auch Karamell.

Nun steht das Einmaischen an. Das **geschrotete Malz** und die Haferflocken müssen zügig im aufgeheizten Wasser landen und zwar nur im Maischekorb und nicht daneben. Schütte beides am besten portionsweise hinein und achte darauf, dass sich keine Klümpchen bilden. Nimm deshalb zwischendurch immer wieder den Braulöffel zur Hand und rühre sorgfältig um. Wenn ein dickflüssiger, Porridge ähnlicher Brei entstanden ist, hast du alles richtig gemacht.

Das, was du da in den Braukessel schüttest, nennt der Profi übrigens **Schüttung**, also die Gesamtmenge an verwendetem Malz. Der Begriff wird dir immer wieder in Rezepten begegnen.

20 MINUTEN VERGANGEN

INFO **DER SCHLÜSSEL ZUR SCHÖNEN SCHAUMKRONE**

Der geringe Anteil an unvermälztem Hafer beeinflusst den Gesamtgeschmack deines späteren Bieres nur unwesentlich, sorgt allerdings für einen schönen kompakten und cremigen Schaum. Das Haferkorn ist nämlich eine hervorragende zusätzliche Proteinquelle, und der Bierschaum basiert im Grunde nur auf Eiweiß.

SCHRITT

8

RASTEN

Ab sofort wird gerastet. Doch während du dich für einen Augenblick zurücklehnen kannst, geht's im Topf heiß her: Enzyme sorgen nun dafür, dass aus der im Gerstenmalz enthaltenen Stärke Zuckermoleküle werden.

Wenn du das Malz und die Haferflocken vorher bei Raumtemperatur gelagert hast, sollte die Gesamttemperatur deiner Maische auf 67 °C gefallen sein. Nun beginnen die Enzyme **Alpha-** und **Beta-Amylase**, die in den Malzkörnern stecken, mit ihrer Arbeit: Sie nehmen sich die korneigene Stärke vor und wandeln sie in Zucker um.

Damit das reibungslos gelingt, muss nach dem Einmaischen der Deckel auf den Topf. Denn für die nächsten 25 bis 30 Minuten soll bei möglichst gleichbleibender Maischetemperatur die sogenannte **Kombirast** abgehalten werden. Sollte die Maischetemperatur um 1 bis 2 °C nach oben oder unten abweichen, ist das kein Weltuntergang. Die gewünschte Verzuckerung findet trotzdem statt.

Es ist durchaus üblich, länger als eine halbe Stunde zu rasten: 60 Minuten galten lange Zeit als der Standard. Doch heutzutage sind die üblichen hellen Basis-Braumalze durch die Vorarbeit in der Mälzerei sehr gut vorgelöst und haben eine hohe diastatische Kraft, mit anderen Worten: Die Enzyme im Korn sind besonders aktiv, so dass ein sehr großer Teil der Stärke, nämlich etwa 85 bis 90 %, schon in einer halben Stunde verzuckert ist.

Wer auch das Letzte aus dem Malzkorn herausholen möchte, der kann seine Rast natürlich verlängern. Doch für eine zusätzliche Zeitersparnis von etwa 30 Minuten nehmen wir eine minimal geringere Ausbeute an Zucker selbstverständlich in Kauf, oder?

Der doppelwandig isolierte Braukessel verhindert einen plötzlichen Temperaturabfall. Während unserer halbstündigen Rast kühlt die Maische um höchstens 0,5 °C runter, und diese Differenz ist komplett zu vernachlässigen. Im Zehn-Minuten-Takt darfst du gerne zum Braulöffel greifen. Viel Energie musst du aber nicht investieren: Rühre nur die oberste Schicht der Maische ein wenig unter, denn sie könnte geringfügig kühler sein als die restliche Maische im Korb.

45 MINUTEN VERGANGEN

INFO WOHER STAMMT DIE IDEE DES VERKÜRZTEN MAISCHENS?

Der US-amerikanische Hobbybrauer Marshall Schott kam vor einigen Jahren auf eine verrückte Idee. Als seine Frau an einem Sonntag ankündigte, für ein paar Stunden außer Haus zu sein, um Besorgungen zu machen, stellte sich „Shoddy“ einer ganz besonderen Herausforderung: Er wollte in kurzer Zeit ein trinkbares Bier brauen. Das Kunststück gelang ihm. Die Tester fanden keine Braufehler im fertigen Bier. Aus dieser verrückten Idee wurde eine bis heute andauernde Brauserie namens „Short & Shoddy“, deren Verlauf du – inklusive aller ausprobierten Rezepte – auf www.brulosophy.com nachverfolgen kannst.

Warum heißt es Kombirast?

Die **Kombirast** kombiniert zwei Rasten, die in der Regel in kommerziellen Brauereien für die Bierproduktion angewendet werden: Die **Maltoserast** erfolgt bei 63 °C. Bei dieser Temperatur fühlt sich im Braukessel die Beta-Amylase pudelwohl und verrichtet ihren Job mit großer Akribie: Das Enzym ist in der Lage, die vorhandene Stärke in vergärbaren Malzzucker (Maltose) umzuwandeln. Für ein gelungenes Bier sind aber auch unvergärbare Zucker (Dextrine) wichtig, sorgen diese doch für die gewünschte Restsüße im Bier und runden den Geschmack ab. Dextrine verdanken wir der Alpha-Amylase, die bei 72 °C während der Verzuckerungsrast besonders effizient arbeitet. Wählen wir nun einen Temperaturbereich dazwischen, sind beide Enzyme gleichzeitig aktiv: Bei 67 °C entsteht später ein ausgewogenes, rundes Brauerzeugnis. Soll ein Bier mit mehr **Restsüße** entstehen, kannst du die Maische-Temperatur auf 68 oder 69 °C erhöhen. Trinkst du gerne schlankes Bier, dann peile eher 65 oder 66 °C an.

SCHRITT

9

JODPROBE

Haben die Enzyme in den vergangenen 25 Minuten das gemacht, was sie sollten? Die Antwort liefert dir die sogenannte Jodprobe, die du vielleicht noch aus dem Chemieunterricht kennst.

Die Jodprobe ist ein **Stärkenachweis.** Sie zeigt dir an, ob die Stärke aus dem Malz in Zucker umgewandelt wurde. Dafür entnimmst du der Maische mit einem Löffel eine kleine Menge an Bierwürze und gibst diese auf eine weiße Untertasse. Anschließend tröpfelst du zwei Tropfen **Brauerjod** darauf. Verfärbt sich die Bierwürze nun auffällig blau oder violett, solltest du den Enzymen für die Verzuckerung noch ein paar Extra-Minuten geben. Bleibt die Bierwürzeprobe unverändert bräunlich, kannst du mit dem nächsten Schritt weitermachen.

Manchmal kann man die Jodprobe auch weglassen. Viele Heimbrauer haben Angst vor einem **„Blausud“** und maischen daher unnötig lang. Spätestens nach 1 Stunde Maischezeit ist eine Jodprobe meines Erachtens komplett unnötig. Doch selbst nach 30 Minuten kannst du im Grunde auf einen Stärkenachweis verzichten. Zweifelsohne kann ein Rest an unverzuckerter Stärke zu einem leicht mehligen Geschmack und einer deutlichen Trübung im Bier führen. Bei unserem Quick Pale Ale und vielen anderen obergärigen Bierstilen würde das aber nicht auffallen: Die intensiven Aromen von Hopfen und Hefe würden das Fehlaroma deutlich überdecken und durch die Gärung mit der Kveik erhalten wir sowieso zunächst ein sehr trübes Bier.

50 MINUTEN VERGANGEN

SCHRITT

10

ERSTE HOPFENGABE

Unsere dritte Zutat wartet nun auf ihren ersten Einsatz: der Hopfen. Er ist das Salz in der Suppe, unser Biergewürz. Für die Mengenbestimmung spielt jetzt der Alphasäuregehalt der ausgewählten Sorte eine wichtige Rolle.

Der **Alphasäuregehalt** zeigt an, wie effizient du dein Bier mit diesem Hopfen bittern kannst. Ist der Gehalt sehr hoch, brauchst du nur wenig Hopfen, um deine angestrebte Bittere zu erreichen, ist er niedrig, benötigst du mehr.

In der **Dosierungstabelle** ab Seite 72 kannst du ablesen, wie viel Gramm du für die erste Hopfengabe einplanen musst. Wiege mit deiner Küchenwaage die Menge an Hopfenpellets ab. Anschließend schüttest du den abgewogenen Hopfen vorsichtig in den Braukessel – die Pellets sollen nicht im, sondern neben dem Maischekorb landen. Die Pellets lösen sich sofort auf und verbreiten einen angenehmen Duft, da der Hopfen bei der noch vorherrschenden recht niedrigen Temperatur von 67 °C sofort sein Aromaöl an die Würze abgibt. Der Brauprofi spricht bei der ersten Hopfengabe auch von der **Vorderwürzehopfung**. Sie wird deinem Craftbier einen besonderen Hopfengeschmack verleihen.

55 MINUTEN VERGANGEN

INFO VORDERWÜRZE

Vorderwürze ist der erste Anteil der Würze, der frisch geläutert und damit noch nicht durch den Nachguss verdünnt wurde. Es gibt sogar Brauereien, die reine Vorderwürzebiere produzieren. Geschmacklich sind diese Brauerzeugnisse besonders intensiv und malzaromatisch, allerdings auch teurer, weil wesentlich mehr Malz eingesetzt werden muss.

SCHRITT

11

LÄUTERN

Beim Läutern wird unsere wertvolle zuckerhaltige Bierwürze vom ausgelaugten Malz, dem Biertreber, getrennt. Mit heißem Wasser spülst du außerdem den Restzucker heraus, der noch tief im Treber sitzt.

Dank unseres Maischekorbs wird das **Läutern** jetzt zum Kinderspiel. Du musst lediglich den Korb aus dem Braukessel herausheben, und schon fließt die gefilterte Bierwürze unten durch den Siebboden ab. Weil das Malz zuvor nur grob geschrotet wurde, waren die Hüllen der Körner, auch Spelzen genannt, beim Einmaischen noch größtenteils intakt. Das hilft uns jetzt besonders, denn die Spelzen verkeilen sich ineinander und bilden so eine zusätzliche natürliche Filterschicht.

Am besten hast du einen kleinen Tritt oder zumindest eine Bierkiste parat, auf die du dich stellen kannst, um den ziemlich schweren Maischekorb samt Inhalt leichter herausheben zu können. Du kannst den

Maischekorb auf dem mitgelieferten Abtropfring abstellen, nachdem du diesen mit einer Hand auf den Kesselrand geschoben hast. Das ist ein bisschen tricky, sollte aber zu schaffen sein. Zu zweit ist das natürlich einfacher. Wenn du also einen durstigen Nachbarn hast, gib ihm doch kurz Bescheid. Gemeinsam könnt ihr euch danach eine schnelle Läuter-Halbe gönnen. Viel Zeit bleibt aber nicht, da die Bierwürze zügig aus dem Korb herausläuft.

Wichtig ist nun, dass du für diesen Schritt bereits die erste Menge **Nachguss** im **Messbecher** bereitstehen hast. Nach und nach kippst du nun das möglichst heiße Wasser über den **Biertreber**, um den darin noch befindlichen Restzucker herauszulösen. Nutze deinen Braulöffel, um den Wasserstrahl zu brechen und so den Nachguss gleichmäßig auf dem Treber zu verteilen.

INFO WIE HEISS MUSS DER NACHGUSS SEIN?

Die Temperatur des Nachgusswassers spielt nur eine untergeordnete Rolle. Es gilt: Je wärmer das Wasser, desto besser kannst du damit den Zucker herausspülen. Im Optimalfall, so handhabt es auch die Brauindustrie, werden 78 °C angesteuert, weil so auch noch die letzte verbliebene Stärke in Zucker umwandelt würde. Wird's noch heißer, denaturieren die Enzyme und können uns nicht mehr weiterhelfen. Da sie im weiteren Verlauf aber eh keine Rolle mehr spielen, kann uns das egal sein.

Für einen 30-Liter-Kessel kannst du mit 12 Litern Nachgusswasser rechnen. Da einiges an Feuchtigkeit im Treber zurückbleibt, wird der Kessel keinesfalls überlaufen. Wenn du einen kleineren Topf im Einsatz hast, vergiss nicht, die Nachgussmenge entsprechend zu reduzieren.

Mit der ersten Portion Nachguss kannst du auch deine Braunanlage wieder anwerfen und als Zieltemperatur **100 °C** einstellen. Wir wollen ja keine Zeit verlieren.

80 MINUTEN VERGANGEN

TIPP WAS PASSIERT MIT DEM TREBER?

Da der Biertreber noch sehr eiweißreich ist, eignet er sich wunderbar als Viehfutter, z. B. für Schweine. Vielleicht hast du einen Bauernhof in der Nähe, der sich über deine Brauabfälle freut? Den meisten Stadtbewohnern bleibt aber nur die Entsorgung in der Biotonne. Oder man verarbeitet ihn sinnvoll in der Küche. Beispielsweise kann er in getrockneter Form als Panade für Schnitzel dienen. Oder du backst ein typisches Treberbrot.

Zutaten:

- **250 g noch feuchter Biertreber**
- **500 g Weizenmehl Type 550**
- **250 ml mild gehopftes Bier (hell oder dunkel)**
- **1 Päckchen Back- oder Biertrockenhefe**
- **1 TL Salz**

Alle Zutaten vermengen und durchkneten, bis ein Teig entsteht. Anschließend im Warmen circa 1 Stunde gehen lassen. Den Brotteig entweder in einer Kastenform oder zu einem Laib geformt 1 Stunde bei 220 °C (Ober-/Unterhitze) backen. Als zusätzliche Zutaten eignen sich auch angedünstete Zwiebeln und Speck. Den Treber kann man übrigens auch portionsweise einfrieren und für ein Treberbrot auftauen.

SCHRITT

12

WÜRZEKOCHEN

Damit die Bitterstoffe aus dem Hopfen in die Bierwürze gelangen können, steht nun der Kochprozess an. Doch nicht nur wegen der Bitterstoffausbeute ist die Kochphase besonders wichtig.

Nach etwa 25 Minuten sollte der Läuterprozess abgeschlossen sein, und es geht relativ zügig über in die **Kochphase**. Du kannst den Korb vom Kessel nehmen, wenn du das Nachgusswasser komplett über den Biertreber gekippt hast und die Würze größtenteils in den Kessel abgelaufen ist. Am besten lässt du den Maischekorb noch in einem zusätzlichen Eimer (z. B. in deinem Gäreimer) abtropfen. Dann kannst du nach etwa zehnminütigem Kochen die restliche Würze in den Braukessel nachkippen. Wir wollen ja bloß nichts verschwenden, was die Hefe glücklich machen könnte.

Um schneller die Kochtemperatur zu erreichen, kannst du vorrübergehend auch den Deckel auflegen. Achte aber unbedingt darauf, dass nichts überkocht. Sonst wird das anschließende Putzen zu einer ziemlich klebrigen Angelegenheit.

Ab etwa 98 °C beginnt das Spektakel des **Würzebruchs**: Wenn die oberste schaumige Schicht aus Eiweiß und Hopfen aufbricht und die Würze im Topf wild umhertanzt, darfst du deinen Timer starten: Von nun an wird 30 Minuten gekocht – und zwar ohne Deckel.

Sobald die Brauanlage ihre Zieltemperatur von 100 °C erreicht hat, unterbricht sie den Kochvorgang kurzfristig und heizt erst wieder auf, wenn die Temperatur der Würze wieder auf 97 °C gefallen ist. Dieser Weg ist

energiesparender als dauerhaftes Kochen. Und die **Isomerisierung** der **Alphasäure,** also die Bitterstoffabgabe des Hopfens an die Bierwürze, leidet trotzdem nicht darunter, weil die Temperaturen im Kessel dauerhaft hoch genug sind.

Durch das Kochen ohne Deckel ist außerdem gewährleistet, dass unerwünschte Aromastoffe verdampfen können. Einer davon ist **Dimethylsulfid** (kurz: DMS), eine Schwefelverbindung, deren Vorläufersubstanzen bereits im Malz stecken und so in unsere Bierwürze gelangen konnten. Mit Beginn des Kochvorgangs entsteht aus diesen Vorläufersubstanzen automatisch das nach gekochtem Gemüse riechende DMS, das sofort wieder abdampfen darf. Der Brauprofi spricht hier auch vom „Ausstinken“. Das trifft’s auf den Punkt. Es reicht übrigens schon 20-minütiges Kochen ohne Deckel aus, um den DMS-Gehalt in deinem Bier so zu senken, dass er für die menschliche Nase nicht mehr wahrnehmbar ist.

Für gewöhnlich wird die Würze übrigens 60 bis 90 Minuten gekocht. Dabei wird viel Eiweiß entbunden und das Bier später schön klar. Da unser Quick Pale Ale durch die Verwendung der Kveik später im Glas ohnehin trüb erscheint, sparen wir uns die zusätzliche Kochzeit.

110 MINUTEN VERGANGEN

INFO ES GEHT AUCH OHNE KOCHEN

Im Mittelalter wurde die Bierwürze im Übrigen häufig gar nicht gekocht. Man hatte kein Geld für teure Metalltöpfe, die man übers Feuer hätte stellen können. In der Regel verwendete man Holzbottiche. Darin wurde das Malz eingemaischt, und wenig später kamen noch heiße Granitsteine dazu, um eine gute Temperatur für die Verzuckerung zu erreichen. Zum Würzen der Bierwürze maischte man Hopfen und andere Gewürze einfach gleich mit ein. So sonderbar es auch sein mag, aber es wurde Bier daraus. Mehr über ungekochte Biere erfährst du von unserem Brauexperten Dave auf Seite 104.

Während der Kochphase hast du übrigens ein oder zwei Bierlängen Zeit, um den Maischekorb auszuleeren, mit heißem Wasser zu reinigen und dich selbstverständlich auch um das Vorbereiten des Leerguts zu kümmern. Irgendwann muss das Vollgut ja auch mal ausgetrunken werden …

SCHRITT

13

ZWEITE HOPFENGABE

Zum zweiten Mal geht's für dich ans Abwiegen, denn kurz nach Ende der Kochphase steht die zweite Hopfengabe an. Es lösen sich dabei abermals Bitterstoffe und vor allem ätherische Öle, die deinem Bier ein aussagekräftiges Aroma verpassen werden.

Sobald die 30-minütige Kochphase beendet ist, kannst du deine Brauanlage ausschalten. Noch siehst du reichlich Konvektionsströme, mit anderen Worten: Bewegung im Kessel. Die Schwebstoffe, also Eiweißausscheidungen und Hopfenbestandteile, treiben sichtbar auf und ab. Mit dem nächsten Schritt solltest du noch etwa 5 Minuten warten.

Es gibt eh noch etwas vorzubereiten, nämlich die zweite Hopfengabe. Hierfür schaust du wieder in die Tabelle für die **Hopfendosierung** (Seite 73), wiegst die entsprechende Menge mit deiner Küchenwaage ab und schüttest sie in den Braukessel. Auch diese zweite Portion Hopfen wird für ein erstklassiges Aroma deines Bieres sorgen, denn in den kommenden Minuten kühlt deine Bierwürze herunter. Dann nimmt die Bitterstoffausbeute langsam ab, und es lösen sich stattdessen wieder vermehrt Aromaöle in deiner nun fast gärbereiten Bierwürze.

115 MINUTEN VERGANGEN

SCHRITT

14

WHIRLPOOL

Auf den ersten Blick könnte man vermuten, dass ein Whirlpool zur Entspannung einlädt. Doch weit gefehlt, denn jetzt wird erst einmal kräftig gerührt und die Würze wieder in Schwung gebracht.

Du musst jetzt durch eine beherzte, **kreisförmige Rührbewegung** mit dem **Braulöffel** einen ordentlichen Strudel im Braukessel erzeugen. Der Anblick erinnert an einen Whirlpool, daher stammt der Name für diesen Arbeitsschritt. Und das Prozedere hat selbstverständlich auch einen Grund: Es dient der Filtration der für die Gärung wertlosen Trubstoffe.

Die durch den Rührvorgang erzeugten Zentrifugalkräfte bewirken, dass diese Schwebstoffe von der Bierwürze getrennt werden und schlussendlich am Boden in der Topfmitte als sogenannter Trubkegel wiederzufinden sind.

Nachdem du den Whirlpool angedreht hast, musst du dich gedulden, bis die Strudelbewegung gänzlich zum Erliegen gekommen ist. Dabei vergehen nochmals etwa 10 Minuten. Diese Zeit kannst du nutzen, um deinen Gäreimer vorzubereiten: Spüle ihn mit heißem Wasser aus, baue den Ablaufhahn ein und drehe die Schraubenmutter gut fest, damit alles dicht ist.

Desinfiziere sicherheitshalber die Innenseite des Kunststoffdeckels mit 70 %-igem Isopropanol. Warum? Weil so wilde Hefen oder andere Bakterien unschädlich gemacht werden. Das Innere des Eimers kommt gleich mit der heißen Würze in Kontakt, wodurch sich eine zusätzliche Desinfektion erübrigt.

Bevor du den Kugelhahn öffnest und deine Bierwürze in den Gärbehälter laufen lässt, überprüfe auf jeden Fall, ob der Hahn am Eimer auch verschlossen ist.

Letztlich solltest du 21 Liter Bierwürze im Gäreimer haben. Da der dickbreiige Hefeschlamm am Ende der Gärung circa 1 Liter fertiges Bier „schluckt", kommst du so auf 20 Liter Selbstgebrautes. Vergiss nicht, den Deckel mit dem Gärröhrchen gut anzudrücken, sobald die Würze vollständig in den Eimer gelaufen ist. Im Anschluss beginnt die Abkühlphase.

130 MINUTEN VERGANGEN

INFO DER TRICK MIT DEM TORTENRING

Während die letzten Liter Bierwürze aus dem Topf ablaufen, bricht der Trubkegel langsam auseinander. Hier kannst du mit einem Tortenring versuchen, den Kegel nochmals zu fixieren. Mit etwas Geduld und ein wenig Trickserei bleibt der Trubkegel also halbwegs intakt und ein Großteil der Schwebstoffe im Topf zurück. Doch selbst, wenn sie in geringem Maße mit in den Gäreimer fließen, macht das nicht viel aus. Die Hefe wird am Ende der Gärung zu Boden fallen und alles andere unter sich bedecken, sodass garantiert kein Trub vom Würzekochen mit in der Flasche landet.

SCHRITT

15

STAMMWÜRZEMESSUNG

Nun musst du noch eine Spindelprobe machen. Dazu befüllst du deinen Messzylinder für die Bierwürzespindel vollständig mit Würze.

Stell den mit heißer Würze gefüllten Zylinder im Anschluss einfach zum Abkühlen kurz in den Kühlschrank. Sobald eine Temperatur von **20 °C** erreicht ist, denn darauf ist deine Spindel geeicht, kannst du sie eintauchen und ablesen, wie hoch der Zuckergehalt deiner Würze ist. Diese Info ist wichtig, wenn du später in Erfahrung bringen möchtest, wie viel Alkohol dein Craftbier hat. Diesen Wert nennt man auch **Stammwürze** und die Einheit und deren Maßeinheit wird als Plato bezeichnet. Sie ist nach dem deutschen Chemiker Fritz Plato benannt.

Wenn deine **Spindel** nun einen Wert zwischen 11 und 12 °Plato anzeigt, war dein Brautag erfolgreich. Vielleicht liegst du auch etwas über 12 °Plato. Dann hast du richtig gut geläutert. Glückwunsch! Kippe die Spindelprobe anschließend in den Ausguss und bloß nicht zurück in den Eimer. So bewahrst du deine Bierwürze vor möglichen Keimen oder einem spontanen Gärbeginn.

TIPP SPINDEL MIT THERMOMETER

Äußerst praktisch sind Bierwürzespindeln mit integriertem Thermometer. Diese bekommst du auch schon ab 15 Euro im Online-Brauhandel. Am oberen Ende der Spindel kannst du – wie gewohnt – den Stammwürzegehalt deiner Würze ablesen, während das untere Ende die aktuelle Temperatur anzeigt. Im Netz findest du Tabellen, aus denen du die korrigierten Plato-Werte bei verschiedenen Temperaturen unter und über 20 °C ablesen kannst. So hast du auch in heißen Phasen einen Überblick über den Zuckergehalt deiner Würze.

Die Alternative zur Spindel: das Refraktometer

Da die Spindelmessung mit Wartezeit verbunden ist, nutzen viele Heimbrauer lieber ein **Refraktometer** mit automatischer Temperaturkorrektur (ATC), bei dem die Würzetemperatur für die Messung des Zuckergehalts gar keine Rolle spielt.

Ein Refraktometer misst den (Licht-)Brechungsindex, kurz **BRIX.** Mit dessen Hilfe kann man die Konzentration gelöster Stoffe bestimmen, in unserem Fall auch den erzeugten Zuckergehalt. Neben der Temperaturkorrektur ist ein weiterer Vorteil dieses Messgeräts die geringe Menge an Würze, die zur Ermittlung der Stammwürze benötigt wird: Es reichen ein bis zwei Tropfen aus.

INFO BRIX UND PLATO

Eigentlich sind die Einheiten %BRIX und Plato identisch. Weil deine Würze allerdings keine reine Zuckerlösung ist, sondern auch noch andere Trubstoffe darin enthalten sind, müssen die durch das Refraktometer abgelesenen %BRIX noch einmal durch den Umrechnungsfaktor 1,03 dividiert werden. Erst dann kennst du den genauen Zuckergehalt in Plato beziehungsweise in Prozenten. Für einen groben Überblick ist das Refraktometer aber ideal. Hier kannst du den Umrechnungsfaktor auch vernachlässigen.

Die Bierwürze muss nun auf 40 °C herunterkühlen, und solange sollte der Eimer auch nicht geöffnet werden, damit keine anderen Mikroorganismen deinen schönen Sud versauen. Am besten lässt du den Gäreimer mit der Würze an einem kühlen Ort stehen. Du kannst dich derweil um die Reinigung deiner Gerätschaften kümmern. Nach spätestens 3 Stunden sollte dein erster Brautag geschafft sein!

180 **MINUTEN VERGANGEN**

INFO MIT DEM WÜRZEKÜHLER GEHT'S NOCH SCHNELLER

Ein großer Vorteil des Modells „Maischfest“ ist, dass ihm eine Kühlspirale aus Edelstahl beiliegt. Die Kühlspirale, auch als Eintauchwürzekühler bezeichnet, wird in die heiße Würze gehängt, mit einem Wasseranschluss über einen Schlauch verbunden und anschließend mit kaltem Wasser durchspült. So kühlt deine Würze auf diesem Weg zügig herunter. Das aufgeheizte Wasser kannst du noch zum Reinigen der Braugerätschaften nutzen. Nach nur 10 bis 15 Minuten ist die Anstelltemperatur von 40 °C meist schon erreicht.

SCHRITT

16

HEFEGABE

Wenn nach einigen Stunden die magische Temperaturgrenze von 40 °C erreicht ist, darf sich die Kveik an die Arbeit machen. Den vorhandenen Malzzucker wird sie innerhalb der nächsten Tage in Windeseile zu Alkohol und Kohlensäure verstoffwechseln.

Bei 40 °C im Schatten kommen wir Menschen ganz schön ins Schwitzen. Doch für die **Kveik** Voss gibt es keine angenehmere Temperatur: Sie braucht es – am besten während der gesamten Gärdauer – richtig schön warm, um ihre Aufgabe zu unseren Gunsten perfekt zu erfüllen. Bei hohen Temperaturen ist die Hefe besonders aktiv, dass heißt, sie ist im Nu durch mit dem Gärprozess. Und sie erzeugt spannende **Fruchtester**. Das sind Aromen, die an einen Korb voller tropischer Früchte erinnern.

Das **Anstellen,** also die Zugabe der Hefe, ist äußerst simpel. Die Trockenhefe muss einfach gut verteilt auf die Oberfläche der Würze aufgestreut werden. Für **20 bis 25 Liter Würze** reicht bei obergärigen Bierstilen eine Tüte mit **10 bis 12 Gramm Hefe** aus, bei Einsatz von Kveik-Hefen genügt eigentlich sogar die Hälfte. Dann fühlen sie sich erst richtig herausgefordert und erzeugen umso mehr spannende Aromen. Mehr zu den Kveiks erfährst du ab Seite 75.

Nach dem Aufstreuen der Hefe schließt du den Deckel wieder und befüllst das Gärröhrchen bis zur Markierung mit Wasser. So stellst du sicher, dass keine Fruchtfliegen in dein gärendes Bier gelangen können. Außerdem zeigt dir das Blubbern in den kommenden Tagen immer an: Hier gärt's noch! Denn ein großer Teil der entstehenden Kohlensäure muss ja irgendwo entweichen. Also bahnt sie sich ihren Weg durch das Gärröhrchen.

Übrigens ist es auch kein Problem, die Hefe erst hinzuzugeben, wenn die Bierwürze schon abgekühlt ist. Die Kveik lässt auch bei 20 °C aus deiner Bierwürze ein Jungbier werden. Allerdings benötigt sie dafür länger, weil es den Hefezellen schlichtweg zu kalt ist. Auch die Bildung von Fruchtestern fällt bedeutend schwächer aus als bei deutlich höheren Temperaturen. Auf den bunten Obstkorb aus der Karibik in der Nase müsstest du also verzichten.

SCHRITT

17

GÄRPROZESS

Bereits nach wenigen Stunden startet die Gärung. Der Profi spricht vom Ankommen der Hefe. Nun beginnt die Phase, in der erstmals deine Geduld auf die Probe gestellt wird, denn sogar die Gärung mit der hyperaktiven Kveik kann zwei bis drei Tage andauern.

Es kann ganz schön an die Nerven gehen, vor allem, wenn's dein erstes Bier ist. Diese Warterei ist unerträglich. Blubbert's immer noch? Hat das denn nie ein Ende? Ich kann dich beruhigen: Natürlich endet auch der **Gärprozess** irgendwann. Und dank unserer Kveik geht's wesentlich schneller als mit jeder anderen Hefe. Vorausgesetzt, du hast den Gäreimer nah an der Heizung platziert und ihm vielleicht auch noch eine dicke Decke spendiert, die ihn warmhält. Noch zügiger läuft's mit der Gärung, wenn du eine zusätzliche Wärmequelle im Einsatz hast: Eine **Heizmatte** für Terrarien oder Zimmergewächshäuser mit Thermostatregler kostet ungefähr 35 Euro und kann

unterhalb deines Eimers oder seitlich an ihm mit Klebeband befestigt für durchgängig warme Gärtemperaturen sorgen. Auch hierbei solltest du nicht auf die Decke verzichten. Noch besser ist jedoch eine **Gärbox** aus Styropor, in dem dein Eimer während des gesamten Gärverlaufs steht. Auf Seite 112 zeige ich dir, wie du dir eine solche Box kostengünstig und im Handumdrehen selbst basteln kannst.

Du fragst dich sicher, was während der Gärung im Innern des Eimers geschieht, oder? Die Hefe nutzt den Zucker als Brennstoff und vermehrt sich nun durch Zellteilung. Als Stoffwechselprodukte lässt sie Alkohol und Gärkohlsäure zurück. Schon nach wenigen Stunden bilden sich erste kleine Hefeschauminseln, die irgendwann zu einem großen schaumigen Hefeteppich zusammenwachsen. Diese sogenannten **Kräusen** sind dank der entstandenen Kohlensäure während der Gärung an der Oberfläche gut sichtbar. Deswegen spricht man auch von **obergäriger** Hefe.

Schau ruhig zweimal am Tag nach, was deine Kveik im Gäreimer macht. Wenn sich die Gärphase dem Ende zuneigt, haben sich die Schauminseln zurückgebildet und die Hefe hat sich am Boden abgesetzt. Wenn der vergärbare Zucker komplett verstoffwechselt wurde, sollte es jetzt nicht mehr blubbern. Dann kannst du den Restextrakt messen, um herauszufinden, ob dein Jungbier schon abfüllbereit ist.

SCHRITT

18

DEN RESTEXTRAKT MESSEN

Nähert sich das Gärende, überprüfst du mit der Spindel oder dem Refraktometer, wie es um den Restzuckergehalt bestellt ist. Neben der Stammwürze ist der sogenannte Restextrakt im frisch vergorenen Jungbier der zweite wichtige Wert, den du kennen musst, um letztlich den Alkoholgehalt deines Bieres bestimmen zu können.

Fülle den Messzylinder, desinfiziere danach direkt den Hahn und tauche die Spindel in den Zylinder ein. Notiere den Messwert. Wiederhole diese Prozedur an drei aufeinanderfolgenden Tagen, jeweils mit neu gezapften Proben. Verändert sich der Wert auf der Grad-Plato-Skala in dieser Zeit nicht mehr? Dann ist alles bestens. Nur ein konstanter Messwert des **Restextrakts** gibt dir Gewissheit: Du kannst das Bier endlich in Flaschen füllen.

Natürlich wird dir die Spindel anzeigen, dass noch Zucker in der Jungbierprobe enthalten ist. Der Wert des Restextrakts dürfte zwischen **2 und 4 °Plato** liegen. Es handelt sich hierbei aber um den unvergärbaren Zucker, der während der Kombirast entstanden ist, und mit dem die Hefe schlichtweg nichts anfangen konnte. Er bleibt als Restsüße im Bier zurück.

Warum ist es so wichtig, dass du die Spindelprobe dreimal wiederholst? Manchmal

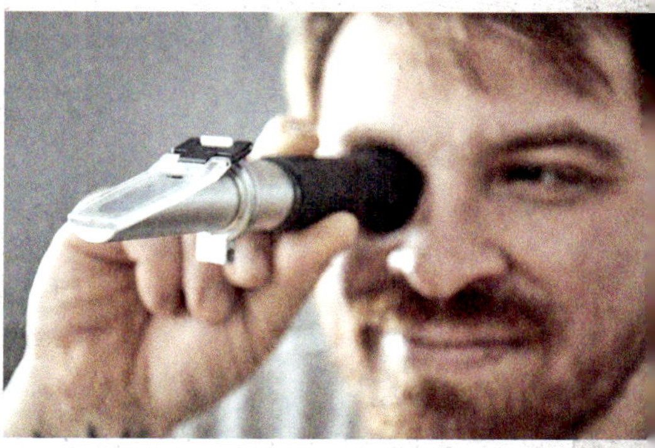

können schon minimale Temperaturschwankungen dazu führen, dass die Gärung ins Stocken gerät. Wenn die Hefe ihre Arbeit dann später in der Flasche unkontrolliert weiterführt, ist Vorsicht geboten. So entstehen nämlich Flaschenbomben.

INFO ALKOHOLBERECHNUNG

Da du jetzt einen Wert für den Restextrakt hast, kannst du nun den finalen Alkoholgehalt deines Bieres berechnen. Hier eine komplizierte Formel abzudrucken, damit du alles umständlich im Kopf berechnen kannst, spare ich mir. Es gibt zwar eine Faustregel, die ist aber äußerst ungenau: (Stammwürze – Restextrakt) : 2. Besser sind die Tools im Netz, die das viel schneller und genauer erledigen. Entsprechende Links dazu findest du auf Seite 120.

Mit jeder Messung zapfst du 150 bis 200 Milliliter Jungbier ab, das du übrigens auch schon probieren darfst. Du kannst deine Spindel zum Gärende hin auch in die Würze geben und dort für drei weitere Tage schwimmen lassen. Zum Überprüfen musst du dann nur den Deckel des Gäreimers öffnen und den aktuellen Wert ablesen. Denke aber bitte daran, dass du die Spindel vorher sehr sorgfältig desinfizierst

INFO AUFGEPASST BEI DER MESSUNG MIT DEM REFRAKTOMETER

Sobald die Gärung durch ist, verfälscht der entstandene Alkohol den Messwert des Refraktometers. Man spricht auch vom Alkoholfehler. Hier geht's ohne komplizierte Rechenformel nicht weiter. Zum Glück haben fleißige Heimbrauer Umrechnungstools ins Netz gestellt, mit denen du doch auf den korrekten Restextraktwert kommst.

www.maischemalzundmehr.de/index.php?inhaltmitte=toolsrefraktorechner

SCHRITT

19

FLASCHEN VORBEREITEN

Bleibt der Restzuckergehalt drei Tage stabil, darfst du dein Bier endlich in Flaschen füllen. Seit dem Brautag ist noch keine ganze Woche vergangen. Das Leergut muss noch ein letztes Mal von möglichen Keimen befreit werden, dann kann es auch schon befüllt werden.

Die zweimal mit heißem Wasser ausgespülten Flaschen kannst du jetzt mithilfe von Wasserdampf noch einmal richtig keimfrei machen. Dazu eignet sich das Schnellspülprogramm deiner **Spülmaschine.** Stelle dazu die Flaschen kopfüber aufs Gestell und starte den Vorgang **ohne Reinigungs-Tab**. Achte darauf, dass weder Salz noch Klarspüler für diesen Spülvorgang Verwendung finden. Weil sich Rückstände der Reiniger in den Flaschen absetzen könnten, verzichten wir lieber ganz darauf. Der heiße Wasserdampf, der während des Spülprogramms entsteht, reicht aus, um eventuelle Keime in der Flasche zu beseitigen. Die Verschlüsse und die daran befindlichen Gummis können übrigens direkt mitgespült werden.

Und wenn du keine Spülmaschine hast? Dann spülst du die Flaschen unmittelbar vor dem Befüllen mit sehr heißem Wasser aus. Das geht auch in Ordnung. Schließlich füllst du eine alkoholische Lösung in die Flaschen, was sowieso zu einem Absterben der allermeisten Keime führt. Vorausgesetzt, die Flaschen waren vorab schon frei von Heferesten oder anderen Verschmutzungen.

SCHRITT

20

AUFKARBONISIEREN

Da während der Gärphase ein großer Teil der entstandenen Kohlensäure über das Gärröhrchen entwichen ist und nur wenig davon im Jungbier gebunden bleibt, müssen wir beim Abfüllen ein wenig tricksen. Nur so kommt dein ausgereiftes Bier später auch spritzig und erfrischend daher.

Greife auf handelsüblichen Haushaltzucker zurück und fülle ihn in kleinen Mengen in die Flaschen, bevor du das Bier hineinlaufen lässt. Der Zucker wird anschließend während der etwa einwöchigen zweiten Gärung in der geschlossenen Flasche von den wenigen, nahezu unsichtbaren Hefepartikeln, die du mit dem Jungbier abfüllst, verstoffwechselt. Als Dankeschön hinterlässt die Hefe circa 0,5 % Alkohol zusätzlich und die gewünschte Gärkohlensäure. Man spricht vom **(Auf-)Karbonisieren** eines Bieres, und die zweite Gärung wird auch **Nachgärung** oder Flaschengärung genannt.

Doch wie viel Zucker gehört denn nun in eine Flasche? Für eine ausreichende Menge Kohlensäure in Halbliterflaschen benötigt man **3,75 g Haushaltszucker**. Diese Menge genau auszuwiegen, ist schier unmöglich. Deswegen ist die **Dosierhilfe** mit den drei Schaufeln für unterschiedliche Flaschengrößen von unschätzbarem Wert. Nutze am besten zusätzlich einen Trichter, dann geht es schneller und nichts daneben.

SCHRITT

21

ABFÜLLEN

Jetzt biegst du auf die Zielgerade ein, denn dein Bier kann endlich in die Flaschen fließen. Wenn du dabei zu einem nützlichen kleinen Hilfsmittel greifst, geht das Abfüllen besonders einfach und schnell vonstatten.

Mithilfe des Hahns am Gäreimer kannst du dein Bier in die zuvor mit dem Zucker versehenen Flaschen umfüllen. Du wirst aber nach kurzer Zeit merken, dass das ständige Auf- und Zudrehen des Hahns sehr umständlich und ein unnötiger Zeitfresser ist. Besser und schneller geht's mit einem zusätzlichen nützlichen Gadget,

dem **Abfüllröhrchen**, das du vor dem Abfüllen auf den Hahn setzt.

Ein Ventil sorgt dafür, dass das Röhrchen erst Jungbier freigibt, wenn es auf dem Flaschenboden aufgesetzt wird. Das führt zu einem schaumarmen und vor allem sauberen Arbeiten mit wenig Jungbierverlust, denn außer ein paar Tröpfchen landet kaum etwas von unserem Selbstgebrautem auf dem Küchenboden. Verschließe die vollen Flaschen nach dem Befüllen direkt mit den Bügeln, damit keine unliebsamen Fruchtfliegen auf den restsüßen Trunk aufmerksam werden. Es empfiehlt sich außerdem, die Flaschen nach dem Befüllen einmal leicht zu schütteln, damit sich der Zucker verteilt.

Sollte dir das Abfüllen mithilfe des Röhrchens noch nicht schnell genug gehen, kannst du auch auf eine automatische **Abfüllpistole** zurückgreifen. Damit sind 20 Halbliterflaschen blitzschnell, also in gut 2 bis 3 Minuten, befüllt. Preislich liegt sie im Online-Handel bei 15 bis 20 Euro.

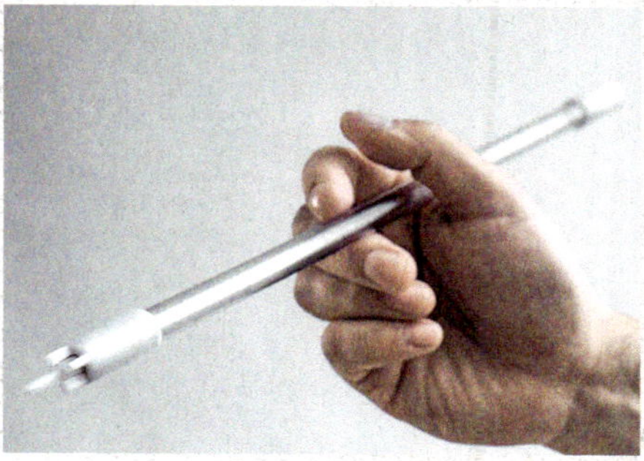

TIPP MILCH ALS ETIKETTENKLEBER

Eine schöne Flasche Bier braucht ein Etikett, dann wird sie noch ein wenig schöner. Im Netz findest du auf www.beerlabelizer.com einige kostenfreie Designs, die du nach deinen Wünschen anpassen kannst. Die ausgedruckten Etiketten kannst du später mithilfe von fettarmer Milch auf die Flaschen kleben. Und keine Sorge, wenn du die Flaschen nicht ewig enormer Sonneneinstrahlung und großer Hitze aussetzt, schimmelt da auch nichts.

ULTRALECKER
IPA

SCHRITT

22

NACHGÄRUNG

Nach dem Abfüllen musst du dich nur noch etwa eine Woche gedulden, bis du das erste Mal dein selbstgebrautes Craftbier probieren darfst.

Die Kveik ist im Gärsprint ganz vorne mit dabei. Das liegt daran, dass wir sie mit bis zu 40 °C während der Hauptgärung richtig schön warmgehalten haben. Für die **Nachgärung** könntest du ähnlich vorgehen: Wenn du die Gärbox (siehe Seite 112) gebastelt und eine Heizmatte besorgt hast, stelle die beiden Kisten mit den befüllten Flaschen für die nächsten Tage zusammen hinein und dreh die Heizung auf. Dann wird auch die Nachgärung schnell vorüber sein.

Es klappt aber auch ohne Gärbox. Platziere die Bierkisten dann möglichst an einem warmen Ort, z. B. vor der Heizung. **Eine Woche** also musst du dich in etwa noch gedulden, und dann kannst du den ersten Qualitätscheck machen. Kühle das Bier gut vor und genieße es aus einem bauchigen Glas, in dem sich die besonderen Aromen deines Selbstgebrauten bestens entfalten können. Kribbelt es ordentlich auf der Zunge? Dann kannst du das Bier für die Reifung an einen kühlen und dunklen Ort, z. B. in den Keller bringen. Sollte die Rezenz noch zu wünschen übrig lassen, darf das Bier noch eine Weile warm stehen. Am besten wiederholst du den Qualitätscheck eine Woche später noch einmal.

Die **Reifephase** dauert je nach Bierstil und Alkoholgehalt einige Wochen oder sogar Monate. Dabei bauen sich ungewollte Gärnebenprodukte wie z. B. die entstandenen Fuselalkohole, die unter anderem für den Schädel nach übermäßigem Biergenuss verantwortlich sind, nach und nach ab. Das

Bier wird runder, und irgendwann hat es dann seine perfekte Trinkreife erreicht. Damit du diesen Augenblick nicht verpasst, gönne dir auf jeden Fall jede Woche ein Fläschchen. So lernst du dein Bier besser kennen und weißt, wie es sich über die Wochen hinweg weiterentwickelt.

Auch wenn Kveik-Biere bereits nach ein bis zwei Wochen Reifezeit gut trinkbar sind, entwickeln sie sich auch in den Wochen danach noch weiter. Es lohnt sich also immer, ein paar Flaschen für später aufzubewahren. Denn irgendwas musst du ja auch als flüssigen Begleiter für die kommenden Brautage im Kühlschrank haben.

TIPP AB INS FASS DAMIT!

Wenn du deinen Abfülltag deutlich verkürzen möchtest, solltest du einmal über die Anschaffung von Kegs, also Bierfässern nachdenken. Mit Kegs kannst du sogar einen Arbeitsschritt überspringen, denn in ihnen kannst du sogar Bier vergären. Wie das funktioniert und welche Vorteile du dadurch hast, verrät dir mein Craftbierexperte Dave auf seinem Blog. Scanne einfach den QR-Code und gelange so direkt zum Beitrag.

www.malzundhopfen.net/gaerung-in-nc-kegs-wie-geht-das

DIE ROHSTOFFE

Wie aus Wasser, Malz, Hopfen und Hefe in zwei bis drei Wochen ein phantastisches Quick Pale Ale entstehen kann, weißt du nun. In diesem Kapitel stelle ich dir die vier wichtigen Grundzutaten noch etwas genauer vor, damit du später kreativ werden und eigene Rezepte entwerfen kannst.

Münchner Malz
GERMANY
PILSNER MALZ
PILSNER MALT

WASSER MARSCH!

Auch wenn's am Ende ein Bier wird, so steht doch am Anfang des Brauprozess immer das Wasser. Und seine Rolle ist immens, besteht dein Selbstgebrautes doch zu mehr als 90 % aus H_2O.

Für die Braupremiere war es völlig in Ordnung, Leitungswasser als Brauwasser zu nutzen. Für manche Bierstile lohnt es sich jedoch, sein Wasser aufzubereiten, damit die Ergebnisse geschmacklich noch runder werden. Vor allem beim Einsatz bestimmter Kveik-Hefen kann sich eine Wasseraufbereitung positiv auf das Endergebnis auswirken. **Paul Schüßler** ist Experte auf dem Gebiet und verrät dir nachfolgend, wie du dein Brauwasser schnell und einfach optimieren kannst.

Wasserbasics – schnell und einfach zum richtigen Wasserprofil

„In frühen Zeiten, als Brauer noch nicht mal im Traum an Wasseraufbereitung dachten, entschied die nächstgelegene Quelle über den zu brauenden Bierstil: Man nahm das Wasser, das man bekam und passte die anderen Zutaten daraufhin so an, dass schlussendlich etwas Leckeres und Süffiges dabei herauskam. Die Mineralstoffzusammensetzung in den jeweiligen Gegenden sorgte für die Entstehung regionaler Biertypen. Heute ist man in der Lage, alle Stile am selben Ort zu brauen, weil man das Wasser entsprechend aufbereiten kann. Wie gehst du als Heimbrauer nun vor, ohne allzu tief in Wasserchemie einsteigen zu müssen?

Die Wasseranalyse

Am Anfang steht das Wasserprofil. Um zu wissen, ob du dein Wasser aufbereiten musst, solltest du zunächst deine lokalen Wasserwerte im Erfahrung bringen. Diese kannst du z. B. bei deinem Wasserwerk erfragen. Viele Angaben auf dem Analyseblatt kannst du getrost ignorieren. Für dein Brauwasser interessant sind vor allem die Werte für **Sulfat, Chlorid, Calcium, Magnesium, Natrium** sowie der **pH-Wert** und die **Alkalität.**

SULFAT UND CHLORID

Die Werte für Sulfat und Chlorid spielen eine große Rolle: Ist der **Chlorid-Wert höher** als der Sulfat-Wert, verbessert sich z. B. das Malzaroma und der Körper des Bieres wird gestärkt. Ein **höherer Sulfat-Wert** hingegen verstärkt und unterstützt die Bittere und erzeugt vornehmlich schlankere Biere. Wenn du ein malzbetontes, vollmundiges Bier brauen möchtest, sollte das Chlorid-Sulfat-Verhältnis etwa bei 2:1 liegen. Möchtest du lieber ein knackig bitteres, schlankes Bier produzieren, solltest du ein Verhältnis von 1:2 anstreben.

Aber Vorsicht: Bei einem **hohen Sulfat-Wert** solltest du den **Magnesiumanteil** im Blick behalten. Ist dieser auch zu hoch, entsteht Magnesiumsulfat, also Bittersalz, was sich negativ auf den Geschmack auswirkt. Um den Charakter des Selbstgebrauten zu unterstützen, solltest du beim **Sulfat** einen Wert von **200 bis 250 mg/l** und bei **Chlorid 150 bis 200 mg/l** anstreben und nicht überschreiten.

CALCIUM UND MAGNESIUM

Aus den Werten für Calcium und Magnesium lässt sich die Wasserhärte ableiten. Je höher der Anteil, desto härter das Wasser. Aber hartes Wasser ist nicht immer schlecht. Calcium ist z. B. ein wichtiger Hefenährstoff und fördert die Ausflockung der Hefe, also die Klärung deines Bieres. Der **Calcium-Wert** sollte bei **50 bis 150 mg/l** liegen. Werte über 200 mg/l können zu einem mineralischen Geschmack führen.

Magnesium ist durch das Malz schon in großer Menge vorhanden. Deshalb darf der Wert ruhig niedrig sein und bei **höchstens 20 mg/l** liegen. Mehr Magnesium kann dazu führen, dass dein Bier säuerlich schmeckt.

NATRIUM

Natrium kann einen malzig-vollen Bierkörper unterstützen. Zuviel Natrium hingegen lässt dein Bier salzig schmecken. Der Wert sollte bei **maximal 50 mg/l** gehalten werden.

DER PH-WERT

Der pH-Wert gibt an, ob etwas basisch oder sauer ist. Die Skala reicht von 1 (sauer) bis 14 (basisch), wobei 7 neutral ist. Der pH-Wert ist beim Brauen sehr wichtig, da er vieles beeinflusst. Vor allem beim Maischen sollte man ihn im Auge behalten. Der perfekte **Maische-pH-Wert** liegt zwischen **5,2 und 5,6.** Weicht er auffällig nach oben oder unten ab, kann das die Verzuckerung beeinflussen. Darüber hinaus können Gerbstoffe aus den Spelzen der Malze extrahiert werden und eine unangenehme Bitterkeit erzeugen. Und natürlich führt ein zu niedriger pH-Wert zu einem sauer schmeckenden Bier.

DIE ALKALITÄT

Diese wird auch **Carbonathärte** genannt. Sie stellt eine Art Puffer dar oder bildlich gesprochen: Sie ist der Bodyguard des pH-Werts. Denn je höher der Wert für die Alkalität, desto mehr Milchsäure benötigst du, um den pH-Wert zu senken.

Die Aufbereitungsmöglichkeiten

Wenn dein Wasser grundsätzlich zum Bierbrauen geeignet ist, kannst du es noch ein wenig optimieren. Was aber, wenn das Brauwasser aus dem heimischen Wasserhahn für den geplanten Bierstil nicht mal ansatzweise passt? Du könntest in eine Umkehrosmoseanlage oder einen Mischbettvollentsalzer investieren, mit denen sich das Wasser komplett entsalzen lässt. Noch einfacher: Du steigst um auf destilliertes Wasser. So kannst du im Prinzip ein leeres Blatt neu beschreiben und zwar mit diesen wenigen Zusätzen:

- Kalziumsulfat (Braugips) erhöht den Kalzium- und Sulfatanteil und verringert den pH-Wert
- Kalziumchlorid erhöht den Kalzium- und Chloridanteil und verringert den pH-Wert
- Magnesiumsulfat (Bittersalz) erhöht den Magnesium- und Sulfatanteil
- Backpulver erhöht die Alkalität und den pH-Wert
- Milchsäure verringert den pH-Wert

TOOLS ZUR WASSER-AUFBEREITUNG

Die Mengenberechnungen der Zusätze nehmen dir natürlich Kalkulatoren ab. Ein sehr umfangreiches und nützliches Rezepttool, das auch einen Brauwasserrechner beinhaltet, ist **Brewfather.** Die Kalkulatoren fütterst du mit deinem Ausgangswasserprofil und gibst anschließend deine Ziele ein. Der Kalkulator errechnet dir exakt, wie viel wovon hinzugeben werden muss. Auch der wichtige pH-Wert wird mitberechnet. Zum Überprüfen der errechneten Werte lohnt es sich, in ein vernünftiges **pH-Messgerät** zu investieren. Beim Kauf solltest du darauf achten, dass das Gerät eine integrierte Temperaturkompensation besitzt und ein schnelles Messergebnis liefert. Solche digitalen pH-Pens sind ab 30 Euro erhältlich.

ZUGABE DER SALZE

Das Wasserprofil sollte **vor dem Einmaischen,** am besten in der Aufheizphase eingestellt werden. Die meisten Salze (außer Kalziumchlorid) lösen sich zwar direkt gut im Wasser, umrühren solltest du aber trotzdem.

Der Maische-pH sollte 10 bis 15 Minuten nach dem Einmaischen überprüft und gegebenenfalls angepasst werden. Dazu entnimmst du deiner Maische einfach eine kleine Probe. Sollte der pH-Wert zu hoch sein, kannst du unter ständigem Rühren tröpfchenweise etwas Milchsäure hinzugeben. Vergiss bitte nicht, den pH-Wert anschließend wieder zu messen. Ist dein pH-Wert stattdessen zu niedrig, kannst du mit etwas Backpulver gegensteuern. “

Hier zeigt dir Paul im Video, wie er sein Wasser für den Brautag aufbereitet.

https://youtu.be/Hag_8lsIKxg

KLEINES KORN MIT GROSSEM EINFLUSS

Bevor ein schlichtes Gerstenkorn zum brauchbaren Malzkorn wird, muss es zunächst die Reise vom Feld des Bauern in die Mälzerei antreten. Dort durchläuft es dann die drei wichtigen Prozessphasen der Vermälzung: Weichen, Keimen und Darren.

Spricht ein Brauer von **Malz**, meint er eigentlich immer **Gerstenmalz**. Denn die zweizeilige Sommergerste hat sich in Europa als wichtigstes Braugetreide durchgesetzt. Die Körner werden in der **Mälzerei** erst mal gereinigt und anschließend wartet 12 bis 18 °C warmes Wasser auf sie. Das **Weichen** dauert in etwa 1 bis 3 Tage, doch die Körner werden währenddessen nicht dauerhaft in Wasser ertränkt: Sogenannte Nass- und Trockenweichphasen wechseln sich ab. Grundlegendes Ziel ist das Einsetzen der **Keimung** des Korns. Das geschieht aber auch nur, wenn ausreichend Sauerstoff an das Korn gelangen kann. Daher ist mehrmaliges Belüften während der Trockenweichphasen unumgänglich.

Der anschließende Keimvorgang ist besonders wichtig: Hier wird aus dem feuchten Gerstenkorn innerhalb der nächsten 5 bis 8 Tage bei 12 bis 15 °C sogenanntes **Grünmalz**.

Die Körner werden dabei zur Regelung von Temperatur und Feuchtigkeit immer wieder aufs Neue angehäuft, verteilt und gewendet. Mit der Zeit bahnt sich ganz allmählich ein kleiner Keimling den Weg an die Luft. Gleichzeitig werden im Inneren des Korns die Enzyme aktiviert, die für unsere Verzuckerung im späteren Brauprozess so wertvoll sind.

Eigentlich könntest du mit dem Grünmalz sofort Bier brauen, allerdings handelt es sich um ein noch recht feuchtes Korn, das nicht besonders lange haltbar ist. Durch warme Luft werden die Grünmalzkörner beim **Schwelken** zunächst schonend und anschließend beim **Darren** richtig heiß getrocknet (bei Temperaturen zwischen 80 und 100 °C), sodass sie nun auch lagerfähig

sind. Dauer und Temperatur der Heißluft-Darre entscheiden darüber, wie dunkel die Körner werden und auch um welche Malzsorte es sich letztlich handelt.

Nach der Darre, die alles in allem etwa 5 Stunden dauert, werden die Malzkörner noch entkeimt, poliert und landen anschließend im Sack. Nun ist das Malz einsatzbereit.

Die Basismalze

In den meisten Bieren befindet sich ein Großteil der gängigsten Malzsorten Pilsener, Wiener oder Münchner Malz. Sie bringen ausreichend Enzyme sowie große Mengen Stärke mit und sollten daher immer die Basis deiner Schüttung bilden.

Pilsener Malz, das hellste Basismalz, wird bei 80 bis 85 °C gedarrt und für die meisten typisch hellen Bierstile verbraut. Dazu zählt natürlich das Pils selbst, aber auch das nicht nur im Süden Deutschlands sehr beliebte Helle. Doch auch in anderen hellen Bierstilen wie Kölsch oder Weizenbier findet man zu einem großen Anteil Pilsener Malz. Der Geschmack im Bier ist nur wenig malzaromatisch, dafür eher getreidig und leicht süßlich.

Viele deutsche Mälzereien bieten mittlerweile auch die Basissorte **Pale-Ale-Malz** an, die im Vergleich zu Pilsener Malz zu geschmacklich etwas vollmundigeren Bieren führt. Pale-Ale-Malz-Biere bringen auch oft eine getreidige Note mit und sind goldgelb in der Farbe.

Etwas dunkler ist das **Wiener Malz,** das für gewöhnlich im Temperaturbereich von 85 bis 90 °C gedarrt wird. In Österreich braute man mit diesem Malz früher gerne ein sehr süffiges Bier namens Wiener Lager. Dieses Basismalz färbt seine Biere bernsteinfarben.

Durch seine starke Farbtiefe, die durch eine Darrtemperatur von 95 bis teilweise 105 °C begründet ist, eignet sich das **Münchner Malz** besonders für das namensgebende Münchner Dunkel. Es findet aber auch in anderen dunklen Bieren Verwendung. Das Münchner Malz verleiht dem Bier eine karamellige Süße, die die Vollmundigkeit und Süffigkeit des fertigen Brauerzeugnisses positiv beeinflusst.

Die Spezialmalze

Im Gegensatz zu den Basismalzen werden Spezialmalze nur in geringen Mengen verwendet, weil ihre Rolle als Geschmacksgeber sonst zu ausgeprägt wäre. Sie sind im fertigen Bier für den Feinschliff des Malzkörpers verantwortlich.

Die beliebtesten Spezialmalze sind die **Karamellmalze,** oder kurz Caramalze. Sie bringen Vollmundigkeit, eine bessere Schaumstabilität und süßliche Karamellaromen ins Bier, sollten jedoch nie überdosiert werden und daher in den meisten Fällen nicht mehr als 15 % der Gesamtschüttung ausmachen. Karamellmalze tragen keine aktiven Enzyme mehr in sich, weil sie in der Mälzerei bei recht hohen Temperaturen schon vollständig verzuckert wurden. Daher kannst du sie hervorragend dazu nutzen, deinem Bier ein wenig zusätzlichen Restzucker zu spendieren. Besonders wertvoll macht Karamellmalze aber auch, dass sie Biere gut „einfärben" können: Es gibt sie von strohgelb bis tiefdunkel.

Wer es noch dunkler, kräftiger und röstig im Geschmack mag, der kann auf **Röstmalze** zurückgreifen. Diese Art von Spezialmalzen findet insbesondere in Porter oder Stouts Verwendung, aber auch im Alt oder Schwarzbier. Die durch Röstmalze erzeugten Aromen erinnern oft an Kaffee, manchmal auch an Schokolade oder Lakritz. Der Schüttungsanteil liegt bei Röstmalzen zumeist nur bei 1 bis 5 %, weil ein höherer Anteil den Gesamtgeschmack des Bieres zu stark beeinflussen würde.

Der vermälzte Weizen

Neben dem Braugetreide Nummer eins, der Gerste, werden in den Mälzereien auch andere Getreidesorten für den Brauprozess vermälzt, allen voran natürlich der **Weizen**. Er verleiht dem Bier eine besondere Spritzigkeit, bereitet dem Brauer jedoch bei einem hohen Schüttungsanteil über 70 % echte Probleme beim Läutern. Der Grund: Weizen ist im Gegensatz zu Gerste von keiner Kornhülle geschützt. Die Spelzen fehlen also, die beim Läutern eine natürliche Filterschicht bilden und den Trennungsprozess unterstützen könnten. Selbst kommerzielle bayrische Weizenbiere werden aus diesem Grund auch noch mit einem Anteil an Gerstenmalz oder unter Hinzunahme von Gerstenschmelzen eingebraut.

DAS GRÜNE GOLD

Der Hopfen verleiht dem Bier seinen herrlichen Duft und seine markante Bittere, die zum Weitertrinken animiert. Er ist das Biergewürz und schützt das Brauerzeugnis dank seiner antibakteriellen Wirkung zusätzlich vor fremden Bakterien.

Die Hopfensorten

Auf den folgenden Seiten sind **24 spannende Hopfensorten** aufgelistet, die perfekt in dein Quick Pale Ale passen. Alle Sorten stammen aus deutschen Hopfenanbaugebieten. Natürlich kannst du auch Hopfen aus beispielsweise den USA, Australien oder Neuseeland bei deutschen Hopfenhändlern beziehen. Doch diese Sorten haben einen langen Transportweg hinter sich. Darum sind sie oft teurer und manchmal auch nicht mehr so frisch wie Hopfen aus der Hallertau, aus Spalt oder Tettnang. Es spricht also alles dafür, seine ersten Biere mit deutschen Hopfensorten zu brauen.

Aufgeführt sind **12 fruchtige und 12 würzige Hopfensorten** mit ihren wichtigsten Aromaeigenschaften. Die Übersicht soll dir helfen, deinen Favoriten für dein erstes Bier auszuwählen und dir zeigen, wie groß die Aromavielfalt von Hopfen ist.

Auch die **Alphasäure** (für Typ-90-Pellets) ist in den Tabellen jeweils vermerkt. Da diese jedoch von Jahr zu Jahr schwanken kann, ist nur ein ungefährer Wert angegeben. Den aktuellen Alphasäuregehalt der jeweiligen Sorte findest du auf der Webseite deines Hopfenhändlers.

Fruchtige Hopfensorten

Sorte	Aromaeindruck	Alphasäure
Ariana	Pfirsich, Ananas, Johannisbeere	10,5 %
Callista	Erdbeere, Maracuja, Orange	4,5 %
Hallertauer Cascade	Grapefruit, Litschi, würzig	8,5 %
Hallertauer Amarillo	Zitrusfrüchte, Aprikose, blumig	8,5 %
Hallertauer Comet	Blaubeere, Zitrusfrüchte	9,5 %
Hallertauer Sorachi Ace	Zitrusfrüchte, Kokosnuss	9,0 %
Hüll Melon	Honigmelone, Erdbeere	6,0 %
Lilly	Zitrusfrüchte, Maracuja, Stachelbeere	7,5 %
Mandarina Bavaria	Mandarine, Ananas	10,5 %
Monroe	Erdbeere, Himbeere, Kirsche, Orange	5,5 %
Solero	Mango, Maracuja	11,0 %
Tango	Maracuja, Zitrusfrüchte, harzig, grasig	13,0 %

Würzige Hopfensorten

Sorte	Aromaeindruck	Alphasäure
Brewers Gold	würzig, Johannisbeere, sahnig, Karamell	8,5 %
Diamant	krautig, grasig, Zitrusfrüchte	6,5 %
Hallertauer Mittelfrüh	krautig, blumig, grasig	6,0 %
Hallertauer Tradition	krautig, holzig, blumig, grasig	5,5 %
Hersbrucker Spät	krautig, würzig, holzig, Zitrusfrüchte	5,5 %
Northern Brewer	krautig, würzig, holzig	11,5 %
Opal	würzig, Zitrusfrüchte, krautig	7,5 %
Perle	würzig, holzig	11,0 %
Saphir	blumig, krautig, würzig	4,5 %
Smaragd	würzig, blumig	8,0 %
Spalter Select	blumig, holzig, Zitrusfrüchte	5,5 %
Tettnanger	krautig, würzig, blumig, grasig	5,0 %

Über Hopfenanbau und Hopfenprodukte könnte man ganze Bücher schreiben. Background dazu findest du im Kapitel „Gut zu wissen" (Seite 115).

Lust auf eine Kalthopfung?

Wenn du deinem Craftbier zusätzlich eine auffällige Duftnote verleihen möchtest, solltest du über eine **Kalthopfung** nachdenken. Vielleicht ist dir auch der Begriff **Hopfenstopfen** geläufiger. Bei diesem Prozess wird Hopfen mit einem hohen Aromaölanteil nach der Hauptgärung zum frischvergorenen Jungbier gegeben. Schon nach kurzer Kontaktzeit lösen sich die Aromaöle des Hopfens im Bier und erzeugen einen intensiven Duft, der an einen vollreifen Obstkorb oder eine Blumenwiese erinnern kann.

Wenn du deinem Bier eine Kalthopfung spendieren möchtest, solltest du dir darüber im Klaren sein, dass sich die Wartezeit auf dein Selbstgebrautes ein wenig verlängert. Mehr als drei Tage Kontaktzeit sind allerdings nicht nötig. Nach neuesten Erkenntnissen der Wissenschaft sollen sogar bereits 6 Stunden Kontaktzeit für eine intensive Hopfennote im Bier ausreichen. Probier's doch selbst mal aus!

Spannend ist die Frage nach der Dosierung. Einige Hopfenhändler geben auf ihrer Webseite den Gesamtölgehalt des Hopfens an. Dieser ist ausschlaggebend dafür, wie viel Hopfen fürs Stopfen verwendet werden sollte. Bei einem Gesamtölgehalt von 1,5 bis 2 ml pro 100 g reichen oft schon 2 g Hopfen pro Liter Jungbier. Bei einem Ölgehalt von weniger als 1,5 ml pro 100 g kannst du auch großzügiger sein. Allein durchs Ausprobieren wirst du herausfinden, wie intensiv kaltgehopft du deine Biere magst.

Bevor du loslegst, kaufe dir am besten noch einen zweiten Gäreimer sowie einen Monofilamentfilter. So kannst du später die feinen im Jungbier schwimmenden Hopfenpartikel wieder herausfiltern, bevor du dein hopfengestopftes Bier aus dem zweiten Eimer heraus abfüllst.

Übrigens solltest du kaltgehopfte Biere möglichst frisch trinken, weil sich der Hopfenduft im Vergleich zu anderer Aromastoffen im Bier relativ schnell wieder abbaut.

Hopfen richtig lagern

Hopfen sollte stets kühl und dunkel aufbewahrt werden. Dafür eignet sich dein Gefrierschrank am besten. Sobald das Tütchen mit dem Hopfen bei dir eintrifft, wandert es am besten gleich in den Froster. Und wenn du größere Mengen bestellt hast, verschließt du das Tütchen mit einem Clip oder noch besser: Du nutzt einen Vakuumierer. So entziehst du den Hopfenpellets den Sauerstoff und sorgst ebenfalls für eine längere Haltbarkeit. Denn Oxidation sorgt recht schnell dafür, dass der Hopfen käsig riecht und dann als Aromahopfengabe unbrauchbar wird.

Die Dosierung des Hopfens

Mithilfe der Tabelle kannst du die Mengen für die beiden Hopfengaben in der Brauanleitung bestimmen. Die Hopfengaben erzeugen einen Bitterwert im fertigen Bier zwischen 28 und 32 IBU. Zur Orientierung: Das typische Pils, das man aus der TV-Werbung kennt, hat etwa 25 IBU. Ein herbes norddeutsches Pils liegt bei etwa 40 IBU.

Für die Tabelle gilt: Die Werte beziehen sich ausschließlich auf Hopfenpellets, Typ 90. Es wird normal auf- und abgerundet. Wenn dein ausgesuchter Hopfen laut Händler einen Alphasäuregehalt von 7,2 % hat, schaust du in der Spalte für 7,0 % nach. Bei 7,3 % gelten die Mengenangaben für 7,5 % Alphasäure.

Alphasäuregehalt	Vorderwürze-hopfung (11–13 IBU)	Whirlpoolhopfung (17–19 IBU)	Gesamtmenge
3,0 %	35 g	88 g	123 g
3,5 %	30 g	75 g	105 g
4,0 %	26 g	66 g	92 g
4,5 %	23 g	58 g	81 g
5,0 %	21 g	53 g	74 g
5,5 %	19 g	48 g	67 g
6,0 %	17 g	44 g	61 g
6,5 %	16 g	40 g	56 g
7,0 %	15 g	38 g	53 g
7,5 %	14 g	35 g	49 g
8,0 %	13 g	33 g	46 g
8,5 %	12 g	31 g	43 g
9,0 %	12 g	29 g	41 g
9,5 %	11 g	28 g	39 g
10,0 %	11 g	26 g	37 g
10,5 %	10 g	25 g	35 g
11,0 %	10 g	24 g	34 g
11,5 %	10 g	22 g	32 g
12,0 %	9 g	22 g	31 g
12,5 %	9 g	20 g	29 g
13,0 %	8 g	20 g	28 g
13,5 %	8 g	19 g	27 g
14,0 %	7 g	19 g	26 g
14,5 %	7 g	18 g	25 g
15,0 %	7 g	18 g	25 g
15,5 %	7 g	17 g	24 g
16,0 %	7 g	16 g	23 g
16,5 %	6 g	16 g	22 g
17,0 %	6 g	16 g	22 g
17,5 %	6 g	15 g	21 g
18,0 %	6 g	15 g	21 g
18,5 %	6 g	14 g	20 g

Wenn du die Hopfengaben genauer bestimmen oder mit mehreren Hopfensorten brauen bzw. für ein anderes Rezept einen völlig anderen Bitterwert berechnen möchtest, bietet wie so oft das Internet (www.braureka.de) eine gute Möglichkeit.

www.braureka.de/berechnungen/hoputil

Trage ins Formular eine **Nachisomerisierungszeit von 15 Minuten** ein. Diese Zeit gibt an, wie lange der Hopfen nach Kochende noch in der heißen Würze liegt, bevor in den Gäreimer umgefüllt wird. In dieser Phase lösen sich noch eine Menge Bitterstoffe, daher ist die Nachlaufzeit für diese Berechnung der Hopfenmenge von Relevanz.

OHNE HEFE GEHT'S EINFACH NICHT

Die Bierhefe ist ein Pilz, der liebend gerne Zucker frisst. Wenn's im Gäreimer schön warm ist, knuspert die Hefe eilig den Malzzucker aus unserer Bierwürze weg und tankt dabei Energie, um sich anschließend durch Zellteilung zu vermehren. Als Dankeschön lässt sie Alkohol und Kohlensäure zurück. Nur so wird aus der Würze schlussendlich auch ein Bier.

Bierhefen lassen sich grob in zwei große Gruppen einteilen: **Obergärige** und **untergärige Hefen.** Als Brauanfänger ist man in der Regel zunächst einmal mit dem Brauen obergäriger Biere beschäftigt, sind sie doch weitaus pflegeleichter zu handhaben als ihre untergärigen Pendants.

Das geht schon bei der Gärtemperatur los: Obergärige Hefen geben sich mit der normalen Raumtemperatur (18 bis 22 °C) zufrieden, während es untergärige Hefestämme bevorzugen, in der Kälte zu stehen (8 bis 12 °C). Damit nämlich schlanke und fehlerfreie Lagerbiere wie Pils oder Helles entstehen können, muss die Umgebungstemperatur für die Gärung der untergärigen Hefe möglichst konstant kühl bleiben. Nur dann vermehren sich die Hefezellen langsam und erzeugen kaum geschmacksbeeinflussende Gärnebenprodukte. Von diesen bringt die obergärige Hefe hingegen reichlich ins Jungbier ein: Es riecht manchmal nach Banane und anderem Obst, häufig auch nach Nelke. Das haben wir Fruchtestern und Phenolen zu verdanken, die bei höheren Gärtemperatur entstehen. Die obergärige Hefe vermehrt sich nämlich wesentlich schneller als die untergärige. Und im Eifer des Gefechts produziert sie einige geschmacklich wahrnehmbare Fehler, die aber trotzdem nicht

verkehrt sein müssen. Was wäre z. B. ein bayrisches Weizenbier ohne die stiltypische Bananennote?

Kveik zählt auch zu den obergärigen Hefen. Und nun wird es Zeit, dass du mehr über diese Wunderhefe erfährst.

KVEIK: HEFE OHNE STARALLÜREN

Von Kveik weiß man in Norwegen schon seit dem 17. Jahrhundert. Doch außerhalb Skandinaviens und des Baltikums wird ihr erst seit Mitte der 2010er Jahre eine größere Aufmerksamkeit zuteil. Und das hat sie dem Blogger und Heimbrauer Lars Marius Garshol zu verdanken, der seitdem intensive Nachforschungen betreibt.

Seine erste Erfahrung mit **Kveik** – man spricht es wie geschrieben – machte **Lars Marius Garshol** im Jahr 2014. Damals besuchte er im westnorwegischen Voss einen Heimbrauer und Bauernhofbesitzer namens Sigmund Gjernes, der mit ihm zusammen auf traditionelle Art und Weise ein Farmhouse Ale braute. Bis vor etwa 150 Jah-

Brixton
COMPANY

ren war es in Nordeuropa völlig normal, dass auf den Bauernhöfen Bier entstand. Der Bauer baute das Getreide an, aus dem später nicht nur Brot, sondern eben auch Bier wurde. Meist braute er immer dasselbe Bier, höchstens für Feste wurde es etwas stärker eingebraut. Das Rezept wurde von Generation zu Generation weitergegeben. Und womit man Bier machte, auch: Die Hefe war ein wertvolles Gut. Damit man sie für den nächsten Sud erneut einsetzen konnte, wurde sie nach dem Gärende mithilfe eines **Kveik-Rings** geerntet und anschließend an der frischen Luft getrocknet.

Dass sich Kveik bei Temperaturen von 35 bis 40 °C am wohlsten fühlt, weißt du bereits. Früher gab es auf den Bauernhöfen keine Thermometer, sodass der brauende Bauer nur mit der Hand überprüfte, ob die richtige Anstelltemperatur erreicht war. Von Mal zu Mal gewöhnten sich die Hefezellen an die noch sehr warme Bierwürze und verrichteten wie gewohnt ihren Job und das auch noch in Rekordzeit. Außerdem sind sie enorm alkoholtolerant: Einige Kveik-Sorten können bis zu 16 % Alkohol erzeugen, wenn genug Malzzucker vorhanden ist.

Bloß nicht zu viel Kveik

„Underpitching“ ist angesagt: Während bei unter- und anderer obergäriger Hefe stets vor einer Unterdosierung, die zu Fehlaromen führen kann, gewarnt wird, sollte Kveik unbedingt underpitcht werden. Eine Menge von 4 oder 5 Gramm getrockneter Hefe, also etwa so viel, wie auf einen Teelöffel passt, reicht völlig aus, damit bei hohen Gärtemperaturen auch die gewünschten Fruchtester im fertigen Bier auftauchen.

Nicht phenolisch, keine Übervergärer

Nennenswert und vorteilhaft ist auch, dass Kveik-Hefe nicht **phenolisch** ist. Das heißt, dass während der Gärung kein Aroma entstehen kann, das an Nelke erinnert. Warum das von Vorteil sein kann? Zu viele Phenole führen zu einem medizinischen Aroma. Und niemand hat gerne den Duft von Heftpflaster in der Nase, wenn er einen durststillenden Schluck Bier nimmt. Außerdem sind Kveiks auch keine **Übervergärer** wie z. B. belgische Hefen. Übervergärer können sogar Dextrine aufschließen, sodass neue vergärbare Zucker entstehen. Wenn ein ungeduldiger Heimbrauer ein wenig zu früh abfüllt, kann das zu der einen oder anderen Flaschenbombe führen. Diese Gefahr ist bei Kveiks also ausgeschlossen.

Kein Schädelbier und sehr schnell trinkreif

Obergärige Hefen produzieren bei höheren Gärtemperaturen in der Regel reichlich Fuselalkohole, die am Morgen danach für einen empfindlichen Schädel sorgen können. Diese unerwünschten Nebenalkohole bauen sich während einer etwa 4-wöchigen Reifephase erst langsam ab, weswegen man bei anderem Ale auch erst nach der Reifung eine Trinkempfehlung ausspricht. Nicht so bei der Verwendung von Kveik: Fuselalkohole sucht man vergebens. Die Biere sind schon kurz nach der Nachgärung kopfschmerzfrei genießbar.

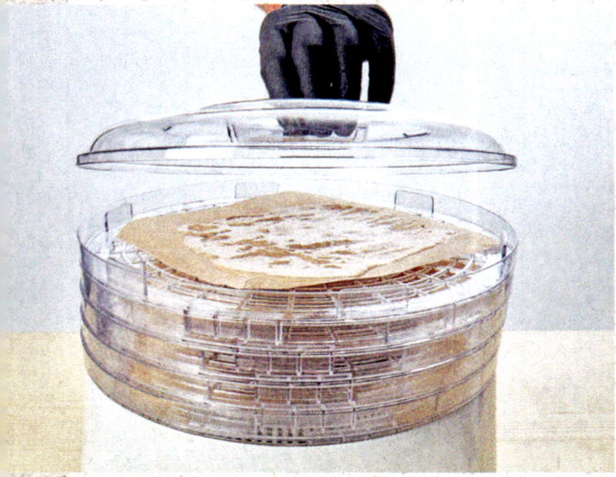

Kveiks wollen getrocknet werden

Es lohnt sich bei Kveik-Hefen besonders, sie nach der Hauptgärung zu ernten und für eine erneute Verwendung zu trocknen. Es ist nämlich schnell gemacht, erfordert wenig Arbeitsaufwand und das Beste ist: Du hast immer genug Hefe für einen spontanen Brauakt da.

Direkt nach der Flaschenabfüllung kannst du die Hefe vom Boden des Gäreimers ernten. Nimm dazu einen Ess- oder Schöpflöffel, den du vorher mit Isopropanol desinfizierst. Wenn sich der Alkohol verflüchtigt hat, kannst du die Hefe herauslöffeln. Die Hefe verteilst du anschließend auf einem Backblech, das du vorher mit Backpapier ausgelegt hast. Die Hefeschicht sollte nur wenige Millimeter dick sein, damit die Hefe schneller trocknet. Anschließend landet das Backblech im Ofen. Nun schaltest du nur das Licht des Backofens ein. Das reicht als Wärmequelle schon aus, damit die Kveik über Nacht langsam trocknen kann. Achte nur darauf, dass die Backofentür einen Spalt geöffnet ist, damit die Feuchtigkeit gut entweichen kann. Besonders nützlich ist auch ein Dörrautomat.

Wenn du die Kveik nicht sofort trocknen kannst, fülle sie in ein desinfiziertes Einmachglas und lagere sie bis zum Zeitpunkt der Trocknung im Kühlschrank.

Nach einigen Stunden im Ofen oder im Dörrautomaten kannst du die getrocknete Kveik zerbröselt in kleine Tütchen abfüllen und anschließend sogar einfrieren. Das macht ihr nämlich nichts aus, sehr untypisch für Bierhefen. Getrocknet und eingefroren kann sie auch Jahre später noch ohne Qualitätsverlust eingesetzt werden.

Übrigens: Es gibt auch Kveik-Hefen, die man am besten während der laufenden Gärung, also ganz frisch, von oben wegerntet. Das schützt die Hefestruktur vor ungewollten Veränderungen und hält die Zellen in Balance. Allerdings gilt das allein für die Original-Kveik-Hefen aus Norwegen und nicht für die Isolate, die du im Online-Handel bestellen kannst. Diese können allesamt nach der Gärung vom Boden geerntet werden.

Viele verschiedene Kveiksorten

Lars Marius Garshol widmet sich mittlerweile komplett der Kveik-Forschung. Der gelernte Software-Ingenieur hat seinen eigentlichen Beruf längst an den Nagel gehängt. Bei seinen Besuchen auf Bauernhöfen in Norwegen und dem Baltikum konnte er bislang 69 verschiedene Hefen sammeln, die entweder als Kveiks zu iden-

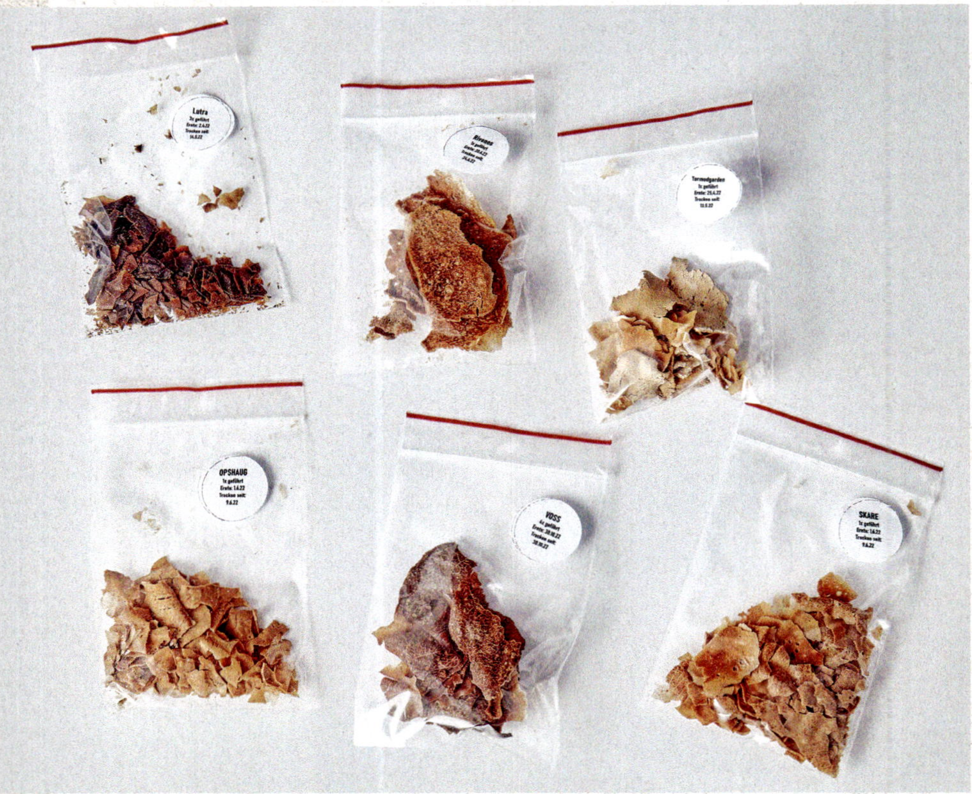

tifizieren waren oder zumindest kveikähnlich sind. Eine komplette Liste findest du auf Lars' Blog. Scanne dafür einfach den QR-Code.

https://www.garshol.priv.no/download/farmhouse/kveik.html

In Kooperation mit Richard Preiss von Escarpment Labs aus Kanada und einigen anderen Wissenschaftlern fand Lars unter anderem heraus, dass die Original-Kveiks Mischkulturen sind. Das heißt, dass sie immer aus mehreren Hefesträngen und teilweise auch als Bakterien bestehen. Wenn du nun aber bei einem Online-Händler beispielsweise eine Kveik wie die **Voss, Hornindal** oder **Espe** bestellst, erhältst du nicht das Original, das noch vom Bauern selbst geerntet wurde. Diese Kveiks stammen von Hefebanken, die einzelne Hefestränge separieren und somit nun Reinzuchthefen anbieten können. Originalgetreu sind diese Kveiks zwar nicht, dafür bist du mit ihnen aber vor unliebsamen Aromaüberraschungen gefeit.

Es fällt auf, dass Kveiks in drei größere Aromagruppen einteilbar sind – vorausgesetzt, man vergärt sie bei höheren Temperaturen, sodass eine ausreichende Esterbildung gewährleistet ist: Es gibt Kveiks, die verleihen dem Bier eine auffällige Zitrusnote. Dabei steht die Bitterorange im Vordergrund. Als Beispiel sind hier die Voss-Kveiks zu nennen, also **Sigmund Gjernes'** Kveik oder die **Rivenes,** die auch aus der Kommune Voss stammt.

Espe und **Hornindal** stammen aus einer Region nördlich von Voss gelegen und sind etwas sanfter in ihrer Aromatik unterwegs. Man fühlt sich an Pfirsich, Aprikose und Trockenpflaumen erinnert. Die Espe bringt zudem cognac-ähnliche Noten mit ins fertige Bier, während die Hornindal eher in Richtung Karamell und Milchcreme tendiert. Wer also dunkle Biere mit Kveiks vergären möchte, sollte es mal mit diesen beiden ausprobieren.

Wer einen vollen Obstkorb mit vorrangig tropischen Früchten wie Mango, Melone oder Ananas bevorzugt, der sollte zu **Ebbegarden, Framgarden** oder **Tormodgarden** greifen. Diese Kveiks eignen sich natürlich wunderbar als Partner für fruchtige Hopfensorten in India Pale Ales. Etwas aus der Reihe fällt hier die **Stranda,** die dem Bier neben tropischer Frucht auch noch eine ordentliche Portion Banane liefert.

Wenn du einige Kveiks übrigens bei Temperaturen um 20 °C vergärst, sind sie derart neutral, dass man die fertigen Brauerzeugnisse glatt für Lagerbiere halten könnte. Probier's doch selbst mal aus! Craftbierexperte Paul hat uns ein Rezept für ein Fake-Pils mit Kveik zu Verfügung gestellt, du findest es auf Seite 98.

CRAFTBIER-Rezepte GEFÄLLIG?
HERE WE GO!
FERDINAND LAUDAGE
50
CRAFT
BIER
Rezepte
KREATIVE BIERE
EINFACH
NACHGEBRAUT

DIE REZEPT-SAMMLUNG

Bevor du jetzt deine bierigen Eigenkreationen entwirfst, solltest du noch ein wenig mehr Brauerfahrung sammeln. Hier kommen 10 Craftbier-Rezepte zum Nachbrauen!

STARTSCHUSS FÜR NEUE SUDE

Jetzt kannst du dich am Braukessel austoben! Auf den nächsten Seiten findest du spannende Rezepte, natürlich allesamt schnell gebraut und ebenso schnell trinkreif.

Die Rezepte sind einfach zu lesen und sollten dir alle wichtigen Infos zur Herstellung des Bieres liefern. Wenn du dich Schritt für Schritt, vom Einmaischen bis zur Nachgärung, an die Brauanleitung hältst, kannst du dich auf ein gelungenes Selbstgebrautes freuen. Sollte es zusätzliche Arbeitsschritte geben, sind diese erläutert. Die Angaben für den Stammwürze- und den Alkoholgehalt sind nur als Orientierung gedacht. Letztendlich entscheiden deine Anlage und deine Sudhausausbeute über diese Werte. Sollten diese nach dem ersten Brauversuch des jeweiligen Rezepts stark abweichen, kannst du beim nächsten Mal einfach die Rohstoffmengen entsprechend anpassen.

Hin und wieder kann es sein, dass die Hopfensorten aus den Rezepten in den Braubedarfshops nicht (mehr) zu bekommen sind. Du kannst in diesem Fall auch andere Sorten mit einem ähnlichen Aromaprofil ausprobieren. Beachte dabei bitte, dass die Alphasäurewerte der Hopfensorten je nach Herkunft und Jahrgang variieren können. Die in den Rezepten angegebenen sind nur ungefähre Werte. Die korrekten Hopfenmengen für alternativ ausgesuchten Hopfen mit dem entsprechenden Alphasäurewert musst du vorab ermitteln. Das geht ganz einfach, z. B. mithilfe des Rechners auf www.braureka.de.

https://braureka.de/berechnungen/hoputil/

Die viertelstündige Nachisomerisierungszeit

Trage im Formular für die Hopfenberechnung auf **www.braureka.de** unbedingt eine **Nachisomerisierungszeit von 15 Minuten** ein. Diese Zeit gibt an, wie lange der Hopfen nach Kochende noch in der heißen Würze liegt, bevor in den Gäreimer umgefüllt wird. In dieser Phase lösen sich noch eine Menge Bitterstoffe, daher ist die **Nachisomerisierungszeit,** manchmal auch **Nachlaufzeit** genannt, für die Berechnung der Hopfenmenge durchaus von Relevanz.

Eine anfängerfreundliche Sudhausausbeute

Die **Sudhausausbeute** (gelegentlich auch: Malzausbeutefaktor) informiert dich darüber, wie viel Zucker du aus dem Malz während des Brauprozesses herausgeholt hast. Je höher die Sudhausausbeute, desto besser verlief deine Maischearbeit oder desto effizienter warst du vermutlich beim Läutern. Mithilfe von Onlinetools kannst du deine Ausbeute einfach berechnen, wenn du die Schüttungsmenge, die Stammwürze und das Volumen der Ausschlagwürze notiert hast. Bei Anfängern sind es oft nur 45 bis 50 %. Fortgeschrittene erreichen teilweise auch 60 bis 70 %. In den Großbrauereien liegt sie mittlerweile sogar bei 75 % und mehr.

Damit du auch als Neuling keine Probleme hast, die Rezepte auf den folgenden Seiten nachzubrauen und dabei die angegebene Zielstammwürze zu erreichen, habe ich die jeweilige Schüttung in den Rezepten einheitlich auf eine sehr anfängerfreundliche **Sudhausausbeute von 45 %** gebracht. Wenn du bereits Erfahrung hast und deine Ausbeute in einem höheren Bereich liegt, kannst du mithilfe der prozentualen Angaben sehr leicht die für dich relevanten Malzmengen errechnen.

Bei der Malzauswahl hast du übrigens auch die Qual der Wahl: Ich habe die Bezeichnungen für die Malze bewusst allgemein gehalten und auf Markenbezeichnungen großer Mälzereien verzichtet. Du kannst also selbst entscheiden, auf welche Mälzerei du bei der Auswahl deiner Malzsorten setzen möchtest.

An deine Maßstäbe anpassen

Wie du sicher bemerken wirst, verwende ich in meinen Rezepten immer 30 Liter Wasser. Dass am Ende nur etwa 20 bis 21 Liter Bierwürze dabei herauskommen, liegt daran, dass schlussendlich noch viel Wasser im Treber verbleibt oder beim Würzekochen verdunstet. Vielleicht merkst du nach den ersten Brautagen aber auch, dass du eigentlich mit weniger Nachgusswasser als angegeben auskommst. Das kann durchaus passieren, denn auf jeder Anlage braut es sich anders. Das ist der Grund, warum sich die Rezepte aus den Internetdatenbanken bei den Angaben zur Gesamtmenge des Wassers teils stark unterscheiden. Vielleicht bist du aber auch besonders sorgfältig beim Läutern. Dann kann ich nur sagen: gut gemacht!

Bei einigen Rezepten ist mächtig viel Malz im Spiel, sodass möglicherweise die Maische sehr dickflüssig ist und dadurch eventuell sogar die Verzuckerung erschwert wird. Vielleicht fasst dein Braukessel auch keine 30, sondern nur 25 Liter. In allen diesen Fällen gilt: Du kannst Haupt- und Nachguss, also deine allgemeine Gussführung, ohne große Bedenken deinen Bedürfnissen anpassen. **Optimiere die Rezepte ruhig, wenn es nötig ist**. Bier wird's immer – so oder so.

SUMMER ALE

[11 °PLATO, 4,5 % ALKOHOL, 18 IBU]

Der Durstlöscher für die heiße Jahreszeit: Das Summer Ale ist die perfekte Erfrischung, wenn die Sonne es mal wieder etwas zu gut meint. Die Verwendung von Maisgrieß und Maisflocken macht dieses Bier süffig und leicht süßlich, es kommt außerdem schlank und dank der Haferflocken cremig zugleich daher. Dazu passt eine sehr fruchtige Hopfensorte: Monroe ist hier meine erste Wahl, doch auch Cascade oder Amarillo sind gute Optionen.

Schüttung:

3000 g Pilsener Malz (60 %)
1200 g helles Weizenmalz (24 %)
300 g Haferflocken (6 %)
250 g Maisflocken (Cornflakes; 5 %)
250 g Maisgrieß (Polenta; 5 %)

HAUPTGUSS: 18 L
NACHGUSS: 12 L

Maischen:

Einmaischen bei 73 °C Wassertemperatur
Kombirast bei 67 °C für 30 Minuten

Hopfen:

15 g Monroe (5,5 % Alphasäure) zur Vorderwürze (30 Minuten Kochzeit)
25 g Monroe (5,5 % Alphasäure) nach Kochende (0 Minuten Kochzeit)

Hefe:

Voss Kveik (bei 35 bis 40 °C Gärtemperatur, circa 2 bis 3 Tage Hauptgärung)

WHEAT PALE ALE

[12 °PLATO, 5 % ALKOHOL, 28 IBU]

Das Wheat Pale Ale ist kein klassisches Weizenbier, wie man es aus Bayern kennt. Durch den hohen Schüttungsanteil an Weizenmalz erhält es einen schlankeren Malzkörper und auch das breite Bananenaroma, das man aus süddeutschen Weißbieren kennt, fehlt. Stattdessen überwiegen hier die fruchtigen Aromen der Hopfensorten Mandarina Bavaria und Solero, die perfekt mit der tropischen Fruchtigkeit der Kveiksorte Stranda harmonieren. Die Kalthopfung im Anschluss an die Gärung ist kein Muss, steigert aber den fruchtigen Charakter dieses Biers.

Schüttung:

3000 g Pilsener Malz (53,1 %)
2500 g helles Weizenmalz (44,25 %)
150 g Haferflocken (2,65 %)

HAUPTGUSS: 18 L
NACHGUSS: 12 L

Maischen:

Einmaischen bei 73 °C Wassertemperatur
Kombirast bei 67 °C für 30 Minuten

Hopfen:

12 g Mandarina Bavaria (10,5 % Alphasäure) zur Vorderwürze (30 Minuten Kochzeit)
20 g Solero (11 % Alphasäure) nach Kochende (0 Minuten Kochzeit)

Hefe:

Stranda Kveik (auch bekannt als Omega Yeast HotHead Ale; bei 30 bis 35 °C Gärtemperatur, circa 2 bis 3 Tage Hauptgärung)

KALTHOPFUNG NACH DER HAUPTGÄRUNG (OPTIONAL):

25 g Mandarina Bavaria für 2 bis 3 Tage
25 g Solero für 2 bis 3 Tage

MILKY BROWN ALE

[14 °PLATO, 6 % ALKOHOL, 30 IBU]

Dieses Brown Ale hat einen schönen runden Malzköper und schmeckt im Herbst und Winter am besten. Sorachi Ace bringt die Kokosnoten mit und wird vom Brewers Gold durch ein Karamellaroma unterstützt. Die dunklen Malze liefern zudem den kernigen, leicht nussigen Geschmack. Der unvergärbare Milchzucker gibt dem Bier seine Süße und rundet das Genusserlebnis ab. Probiere ruhig mal einen Brownie dazu. Die Kombi passt hervorragend.

Schüttung:

3600 g Pale Ale Malz (51,4 %)
2500 g dunkles Münchner Malz (35,7 %)
600 g dunkles Karamellmalz (8,6 %)
150 g Röstmalz (2,15 %)
150 g Haferflocken (2,15 %)

HAUPTGUSS: 18 L
NACHGUSS: 12 L

Maischen:

Einmaischen bei 75 °C Wassertemperatur
Kombirast bei 67 °C für 30 Minuten

Hopfen:

15 g Brewers Gold (8,5 % Alphasäure) zur Vorderwürze (30 Minuten Kochzeit)
30 g Hallertauer Sorachi Ace (9 % Alphasäure) nach Kochende (0 Minuten Kochzeit)

AUßERDEM:

500 g Milchzucker (10 Minuten Kochzeit)

Hefe:

Espe Kveik (bei 20 bis maximal 25 °C Gärtemperatur, 7 bis 10 Tage Hauptgärung; durch die kühlere Gärtemperatur entstehen cognac-ähnliche Aromen)

KALTHOPFUNG NACH DER HAUPTGÄRUNG (OPTIONAL):

25 g Brewers Gold für 2 bis 3 Tage
25 g Hallertauer Sorachi Ace für 2 bis 3 Tage

PRINTENBIER MIT KVEIK

[13 °PLATO, 5 % ALKOHOL, 17 IBU]

Aachener Kräuterprinten (ohne Schokolade) werden bei mir mindestens einmal im Jahr zweckentfremdet: Dann landen sie nämlich im Braukessel. Damit dein weihnachtliches Gewürzbier zur Adventszeit den perfekten Reifegrad hat, solltest du es schon im Herbst einbrauen. Wie gut, dass sich bereits Ende August die ersten Weihnachtsknabbereien in den Supermärkten finden. Das fertige Bier duftet nach Zimt, Nelke, Piment, Koriander und Sternanis und schmeckt an kalten Wintertagen wirklich wunderbar. Hinzu kommt die weihnachtliche Bitterorangennote, die die Voss Kveik bei höheren Gärtemperaturen mit einträgt. Herrlich, so lässt's sich doch aufs Christkind warten!

Schüttung:

5500 g dunkles Münchner Malz (84,6 %)
1000 g Aachener Kräuterprinten (15,4 %)

HAUPTGUSS: 18 L
NACHGUSS: 12 L

Maischen:

Einmaischen bei 75 °C Wassertemperatur
Kombirast bei 68/69 °C für 30 Minuten

Hopfen:

30 g Hallertauer Tradition (5,5 % Alphasäure) zur Vorderwürze (30 Minuten Kochzeit)

Hefe:

Voss Kveik (bei 35 bis 40 °C Gärtemperatur, circa 2 bis 3 Tage Hauptgärung)

HALLERTAU JUICE PALE ALE

BRAUMISCHUNG.DE

[13 °PLATO, 6 % ALKOHOL, 20 IBU]

Ein Hoch auf die Hallertau! Dieses trübe Pale Ale im New-England-Stil strotzt nur so vor fruchtigen Hopfenölen. Rein kommt alles, was maximale Saftigkeit verspricht: mit Lupulin angereichte nectar®-Pellets der Sorten Amarillo und Callista sowie die fruchtige Neuzüchtung Tango. Wichtig ist, dass du die Würze nach dem Kochen zügig auf 80 °C herunterkühlst, damit sich bei den letzten Hopfengaben möglichst keine Bitterstoffe, dafür aber umso mehr ätherische Hopfenöle lösen können. Das Rezept stammt von Lukas Beckmann und das passende Braupaket bekommst du natürlich auch in seinem Shop.

https://braumischung.de/brauzutaten/braumischungen/32-hallertau-juice/

Schüttung:

5100 g Pale Ale Malz (85 %)
300 g helles Weizenmalz (5 %)
300 g Karamellpils (5 %)
300 g Haferflocken (5 %)

HAUPTGUSS: 18 L
NACHGUSS: 12 L

Maischen:

Einmaischen bei 73 °C Wassertemperatur
Kombirast bei 67 °C für 30 bis 45 Minuten

Hopfen:

5 g Hallertauer Amarillo (nectar®, 16 % Alphasäure) bei Kochbeginn (30 Minuten Kochzeit)
10 g Hallertauer Amarillo (nectar®, 16 % Alphasäure) nach Kochende (0 Minuten Kochzeit)
24 g Callista (nectar®, 8,5 % Alphasäure) nach Kochende bei 80 °C für etwa 15 Minuten (0 Minuten Kochzeit)
12 g Tango (13 % Alphasäure) nach Kcchende bei 80 °C für etwa 15 Minuten (0 Minuten Kochzeit)

Hefe:

Voss Kveik (bei 35 bis 40 °C Gärtemperatur, circa 2 bis 3 Tage Hauptgärung)

KALTHOPFUNG NACH DER HAUPTGÄRUNG

40 g Callista (nectar®) für 2 bis 3 Tage
20 g Tango für 2 bis 3 Tage

KVEIPA

Lessig's

[13 °PLATO, 6 % ALKOHOL, 45 IBU]

Die Idee für ein IPA mit Kveik hatte Daniel Lessig im Frühjahr 2022. Für das Festival der Dortmunder Bierkultur braute er die Urversion seines KVEIPAs mit US-Hopfen zum ersten Mal ein. Das Ergebnis war gleich ein Volltreffer, der von den bierverrückten Festivalbesuchern binnen kürzester Zeit ausgetrunken wurde. Dieses KVEIPA 2.0 ist ein Gemeinschaftsprojekt von Daniel und mir. Die Schüttung bleibt unverändert, aber wir haben für dieses Bier ein neues Hopfenprofil mit deutschen Sorten ausgewählt. Durch die späte Whirlpoolhopfung bei 80 °C in Kombination mit der Kalthopfung nach Gärende wird das KVEIPA zur absoluten Aromabombe.

Schüttung:

5000 g Pale Ale Malz (86,2 %)
300 g helles Münchner Malz (5,2 %)
250 g Biskuitmalz (4,3 %)
250 g helles Karamellmalz (4,3 %)

HAUPTGUSS: 18 L
NACHGUSS: 12 L

Maischen:

Einmaischen bei 71 °C Wassertemperatur
Kombirast bei 65 °C für 30 bis 45 Minuten

Hopfen:

35 g Northern Brewer (11,5 % Alphasäure) bei Kochbeginn (30 Minuten Kochzeit)
25 g Hallertauer Amarillo (8,5 % Alphasäure) nach Kochende bei 80 °C für etwa 20 Minuten (0 Minuten Kochzeit)
25 g Hallertauer Sorachi Ace (9 % Alphasäure) nach Kochende bei 80 °C für etwa 20 Minuten (0 Minuten Kochzeit)
25 g Tango (13 % Alphasäure) nach Kochende bei 80 °C für etwa 20 Minuten (0 Minuten Kochzeit)

Hefe:

Voss Kveik (bei 35 bis 40 °C Gärtemperatur, circa 2 bis 3 Tage Hauptgärung)

KALTHOPFUNG NACH DER HAUPTGÄRUNG:

25 g Hallertauer Amarillo für 2 bis 3 Tage
25 g Hallertauer Sorachi Ace für 2 bis 3 Tage
25 g Tango für 2 bis 3 Tage

KVEIK-PILS

[11 °PLATO, 5 % ALKOHOL, 32 IBU]

FRIEDIES BRAUHAUS

Schlank, elegant und knackig bitter: So ein Pils ist schon etwas Feines. Bloß bleibt es für die meisten Hobbybrauer ohne Kühlmöglichkeiten oft nur ein Traum. Doch mit Kveik kann auch bei 20 °C ein lager-ähnliches Bier entstehen, das in Geschmack und Erscheinungsbild einem Pils äußerst nah kommt, wie dieses Rezept von meinem Brauexperten Paul beweist. Mehr zu Pauls Kveik-Experimenten erfährst du auf seinem Blog.

https://friediesbrauhaus.blog/neutrale-kveiks/

Schüttung:

5000 g Pilsener Malz

HAUPTGUSS: 18 L
NACHGUSS: 12 L

Maischen:

Einmaischen bei 72 °C Wassertemperatur
Kombirast bei 67 °C für 45 Minuten

Hopfen:

15 g Hallertauer Mittelfrüh (6 % Alphasäure) bei Kochbeginn (70 Minuten Kochzeit)
10 g Hallertauer Mittelfrüh (6 % Alphasäure, 30 Minuten Kochzeit)
30 g Hallertauer Mittelfrüh (6 % Alphasäure) bei Kochende (0 Minuten Kochzeit)
(Durch die längere Kochzeit wird mehr Eiweiß entbunden und das fertige Bier wird später klarer – so wie ein Pils sein muss.)

Hefe:

Lutra oder Oslo (Reinzuchthefen aus Kveik-Stämmen, bei 20 bis 25 °C Gärtemperatur, circa 5 bis 7 Tage Hauptgärung)

EXPERTEN-TIPP VON PAUL:

„Wenn du bei der Verwendung von Kveik auf ein neutrales Hefeprofil abzielst, solltest du den pH-Wert des Bieres schon ab dem Maischen im Blick haben. Denn sie neigt dazu, den pH-Wert des finalen Bieres etwas weiter abzusenken als herkömmliche Hefen. Ein zu niedriger pH-Wert wirkt sich unter anderem negativ auf die Sensorik des Bieres aus. So können die Biere in diesem Fall leer, dünn und säuerlich schmecken.
Der perfekte pH-Bereich liegt bei 5,2 bis 5,6. Beim Einsatz von Kveik jedoch solltest du eher einen pH-Wert von 5,4 bis 5,5 anstreben. So gleichst du den stärkeren Abfall während der Gärung von vornherein aus. Mit Backpulver kannst du den pH-Wert wieder nach oben korrigieren, falls notwendig. Taste dich langsam heran und gib immer nur eine Messerspitze zur Maische, bevor du erneut misst.“

Pils
deutscher Brauart
Schlankes und hopfenbetontes,
untergäriges Vollbier
Alkohol
Aromatik
Bitterkeit
Pur bzw. kombiniert mit
oder Campari
Pasteten,
Bierfächer
Biervielfalt mit allen Sinnen

KVEIK-BOCK

[16 °PLATO, 7 % ALKOHOL, 35 IBU]

Wenn der Frühling in den Startlöchern steht, solltest du unbedingt diesen Maibock von Paul eingebraut haben. Die Schüttung ist einfach, die Hopfung moderat und das fertige Bier total süffig. Für den schlanken Charakter dieses hellen Festbieres sorgt auch hier die bei maximal 25 °C vergorene Kveik. Auch bei diesem Bier solltest du unbedingt auf den Maische-pH-Wert achten. Scanne den QR-Code und schaue dir an, wie Paul diesen Kveik-Bock auf seiner heimischen Anlage braut.

https://www.youtube.com/watch?v=FOg-XmnScLM

Schüttung:

4000 g Wiener Malz (55,5 %)
3000 g Pilsener Malz (41,7 %)
200 g Karamellpils (2,8 %)

HAUPTGUSS: 18 L
NACHGUSS: 12 L

Maischen:

Einmaischen bei 75 °C Wassertemperatur
Kombirast bei 67 °C für 45 Minuten

Hopfen:

30 g Perle (11 % Alphasäure) zur Vorderwürze (70 Minuten Kochzeit)
30 g Monroe (5,5 % Alphasäure) zur Vorderwürze (70 Minuten Kochzeit)
10 g Perle (11 % Alphasäure, 30 Minuten Kochzeit)
30 g Monroe (5,5 % Alphasäure, 5 Minuten Kochzeit)

Hefe:

Lutra oder Oslo (Reinzuchthefen aus Kveik-Stämmen, bei 20 bis 25 °C Gärtemperatur, circa 5 bis 7 Tage Hauptgärung)

KVEIK QUICK SOUR

[13 °PLATO, 4 % ALKOHOL, 0 IBU]

Du hast Lust auf das perfekte Geschmacksabenteuer für den Sommer? Dann versuche dich doch mal an diesem abgefahrenen Rezept, das mir mein Raw-Ale-Experte Dave zu Verfügung gestellt hat. Für das Kveik Quick Sour musst du am Brautag extrem wenig Zeit einplanen, denn du kommst komplett ohne Würzekochen aus. Und selbst Hopfen spielt hier keine Rolle. Dafür sind Beerenfrüchte, (unvergärbarer) Milchzucker und Meersalz mit im Spiel. Außerdem sorgen ein Kveik-Blend und Milchsäurebakterien dafür, dass dieses Bier tropisch-fruchtig und zugleich erfrischend säuerlich schmeckt. Warum dieses zunächst einmal verrückt anmutende Experiment ohne Kochen zu einem wirklich leckeren Bier führen kann? Das erläutert dir Dave auf den nächsten Seiten.

Schüttung:

3300 g Pale-Ale-Malz (66 %)
1400 g helles Weizenmalz (28 %)
300 g helles Karamellmalz (6 %)

HAUPTGUSS: 18 L
NACHGUSS: 10 L

Maischen:

Einmaischen bei 72 °C Wassertemperatur
Kombirast bei 67 °C für 30 Minuten

Hopfen:

Fehlanzeige.
Nach dem Läutern die Bierwürze auf 95 °C erhitzen.
Anschließend **800 g Milchzucker** und **20 g Meersalz** einrühren.
Die Stammwürze hat sich nun von 11 auf 13 °Plato erhöht. Abkühlen auf 35 °C.

Hefe:

Imperial Yeast A44 Kveiking (Kveik-Blend; oder Framgarden Kveik) und Bootleg Biology Sour Weapon L (85 g) oder Milchsäurebakterien (Lactobacillus-Blend) eines anderen Herstellers (bei 35 °C Gärtemperatur, circa 3 Tage Hauptgärung)
Im Anschluss 4000 g Beerenfrüchte (z. B. eine TK-Beerenmischung), püriert, hinzugeben und noch einmal circa 3 Tage abwarten, bis die zweite Gärung beendet ist.

Achtung: Wenn du ohne Kochprozess und mit Milchsäurekulturen arbeitest, solltest du den verwendeten Gäreimer sowie die eingesetzten Schläuche in Zukunft nicht mehr für die „normale" Bierherstellung verwenden. Mehr über eine mögliche Kontamination deiner Braugerätschaften liest du auch auf Seite 108.

Noch mehr Zeit einsparen mit Raw Ales

Raw Ales sind „ungekochte“ Biere und ein aktueller Trend, der unter anderem in der norwegischen Brautradition verwurzelt ist. Dass eine Würze nicht unbedingt gekocht werden muss, verblüfft zunächst. Doch es gibt einige Aspekte, die dafür sprechen den Würzekochprozess zu überspringen, wie mein **Raw-Ale-Experte Dave** meint.

„In Zeiten, in denen Metalle noch sehr teuer waren, galten Braukessel als ein Luxusgut. Da meist nur große Holzbottiche zum Brauen zu Verfügung standen, war ein Arbeiten mit der direkten Flamme undenkbar. Häufig wurden nur das Einmaischwasser oder Teile der Maische erhitzt. Und dieses Vorgehen blieb auch

noch lange Zeit erhalten, teilweise bis in die Neuzeit, wie wir dank Lars Marius Garshol wissen. Selbst als Metallkessel preislich erschwinglich wurden, lief der Brautag in manchem Dorf in Norwegen weiter wie folgt ab: Zuerst wurde das Wasser erhitzt und anschließend über das Malz gegeben. Dann folgte das Läutern, und nachdem die Würze leicht abgekühlt war, kam direkt die Hefe hinzu. Auch in Deutschland wurde früher mal so gebraut, nämlich die Berliner Weiße.

WARUM KANNST DU DAS WÜRZEKOCHEN ÜBERHAUPT GUTEN GEWISSENS ÜBERSPRINGEN?

Grundsätzlich hat das Würzekochen verschiedene Vorteile für dein Bier, z. B. eine hohe Bitterstoffausbeute oder eine bessere Langzeitstabilität. Doch die Vorteile, die die Herstellung von Raw Ale mit sich bringt, sind auch nicht zu verachten: Der Brautag ist deutlich kürzer und die Herstellung durch den fehlenden Kochprozess bedeutend energieeffizienter. Und trotz der geringen Bitterstoffausbeute können ausgewogene, hopfenbetonte Biere mit einem vollmundigen getreidigen Geschmack entstehen. Das kommt insbesondere alkoholärmeren Bieren zugute. Da bei ungekochten Bieren die Proteine nicht ausflocken, erhältst du ein trüberes Ergebnis, was besonders die Fans von New England IPAs begeistern dürfte.

RAW ALES IN DER PRAXIS

Der Herstellungswege für Raw Ales sind vielfältig: Es gibt Brauer, die ihre Würze direkt nach dem Läutern auf Anstelltemperatur bringen. Andere wiederum bringen sie kurz zum Kochen oder heizen zumindest bis 97 °C auf, um eine Keimarmut zu erreichen. Ich persönlich favorisiere letztgenannte Variante. Denn hierbei besteht die Möglichkeit für eine späte Hopfengabe, um ein schönes Aroma und einige Bitterstoffe ins Bier zu bekommen. Wenn du grundsätzlich ein Freund von sehr bitteren Bieren bist, kannst du auch vorab einen Hopfentee aufbrühen und ihn später zur Bierwürze geben.

Wenn du noch mehr zu Raw-Ales und deren Herstellungsmöglichkeiten erfahren möchtest, schaue doch mal bei Dave im Blog vorbei.

https://malzundhopfen.net

SAISON „JORKE“

FLÜGGE

[10 °PLATO, 4 % ALKOHOL, 8 IBU]

Dominik verrät hier das Rezept von Flügges „Jorke“, einem kesselgesäuerten Saison. Bei diesem Bier handelt es sich nicht um ein Kveikbier, es hat seinen Ursprung aber auch auf einem Bauernhof. In Belgien wurden Saisons von den Bauern für die Erntehelfer eingebraut. Die bekamen dann während der Arbeit dieses sehr trocken vergorene Bier anstelle eines Mittagessens. Das sparte Zeit, schließlich musste die Ernte schnell eingeholt werden. Die hier verwendete Hefe BE-134 ist – ähnlich wie eine Kveik – recht schnell durch die Gärung und erzeugt fruchtige Biere mit feinen Nelkennoten. Einzig die Herstellung dieses Bieres dauert etwas länger.

Schüttung:

2500 g Pilsener Malz (56 %)
2000 g helles Weizenmalz (44 %)

HAUPTGUSS: 18 L
NACHGUSS: 12 L

Maischen:

Einmaischen bei 71 °C Wassertemperatur
Kombirast bei 66 °C für 45 Minuten
Anschließend erfolgt die Kesselsäuerung mit Milchsäurebakterien. Wie das geht, liest du auf den nächsten Seiten.

Hopfen:

8 g Hallertauer Tradition (5,5 % Alphasäure) zu Kochbeginn (30 Minuten Kochzeit)

Hefe:

Safale BE-134

KALTHOPFUNG NACH DER HAUPTGÄRUNG:

60 g Callista für 2 bis 3 Tage

Jorke
Saison

Ohne Kontamination zum sauren Bier

Sauerbiere sind so eine Sache. Wenn man ein wirklich komplexes saures Aroma haben möchte, wie man es aus belgischen Lambikbieren wie Geuze oder Kriek kennt, dann muss man immensen Aufwand betreiben und viel Zeit mitbringen. **Dominik** verrät dir, wie du mithilfe des **„Kettle Souring“** zwar ein wenig an geschmacklicher Komplexität einbüßt, dafür aber sehr viel schneller und sicherer zu einem trinkreifen Sauerbier kommst.

„Vor einem echten Sauerbier mit einer Mischkultur (Saccharomyces, Brettanomyces und Lactobacillus) schrecken viele Heimbrauer erstmal zurück. Denn die Gefahr einer Kontamination des Equipments ist zweifelsohne gegeben: Einige Kolonien der Brett- oder Milchsäurekultur könnten im Gäreimer überleben und den nächsten Sud in diesem Behältnis geschmacklich stark verändern. Möchtest du dennoch mit Mischkulturen experimentieren, empfiehlt es sich, separates Equipment für den Kaltbereich anzuschaffen.

Eine Alternative, um möglichst sicher an ein Sauerbier zu kommen, ist die Kesselsäuerung, oder auch „Kettle Souring“ genannt. Hier wird die Bierwürze erst gesäuert, im Anschluss gekocht und letztlich erfolgt dann die Zugabe der Hefe. Der Säuerungsprozess wird also separiert und durch das Kochen der sauren Würze kannst du dir sicher sein, dass allen „bösen“ Laktobazillen der Garaus gemacht wurde. Eine ungewollte Kontamination ist somit höchst unwahrscheinlich.

Ärgerlich, aber unumgänglich: Durch die Säuerung verlängert sich der Brautag um 24 Stunden. Aber im Vergleich zu Herstellung eines echten belgischen Lambiks, das mit einer Mischkultur über Monate hinweg gesäuert wird, ist das schon eine große Zeitersparnis.

HOW TO KETTLE SOUR

Nach dem Läutern wird die Würze zum ersten Mal für 30 Minuten ohne Hopfen gekocht. Anschließend geht's mit einer aktiven Kühlung auf etwa 35 °C (+/- 5 °C) weiter. Bei dieser Temperatur fühlen sich die Milchsäurebakterien am wohlsten. Gib sie anschließend einfach hinzu, am besten in Form einer Trockenkultur. Suche bei den bekannten Braubedarfshops einfach mal nach „Lacto“, dann wirst du schnell fündig.

Die Bierwürze musst du nun für etwa einen Tag bei 35 °C halten, damit die Milchsäurebakterien sich richtig austoben können. Überprüfe nach 24 Stunden den pH-Wert der Würze. Wenn er auf 3,5 bis 3,7 gefallen ist, weißt du, dass alles glatt gelaufen ist. Im Anschluss wird die Würze erneut für 30 Minuten gekocht – dieses Mal mit dem Hopfen. “

GUT ZU WISSEN!

In diesem Kapitel bekommst du zusätzliche Brauinfos: Hintergrundwissen, eine Gärbox-Bauanleitung, nützliche Websites vom Braushop über Tools und mehr Rezepte bis zu hörenswerten Podcasts zum Thema Bier und Brauen. Auch ein Glossar darf hier nicht fehlen.

Brücklmeier
Brücklmeier

DIY: GÄRBOX BASTELN

Mit ein wenig handwerklichem Geschick kannst du dir im Handumdrehen eine Gärbox basteln und darin die Wunschtemperatur für dein Kveik-Bier möglichst lange konstant halten.

Was du benötigst:

- 5 EPS-Dämmplatten, 100 cm lang, 50 cm breit (Standardmaße) und mindestens 4 cm dick (EPS steht für expandiertes Polystyrol und ist besser bekannt unter dem von BASF geschütztem Markennamen Styropor®), circa 4 Euro pro Platte
- 400 g Styropor®-Kleber, circa 5 Euro
- 1 Paket Grill-/Schaschlikspieße oder Zahnstocher aus Holz, circa 1,50 Euro

Was du außerdem bereithalten solltest:

- scharfes Messer (z. B. ein Teppichmesser)
- Zollstock
- Bleistift
- großes Lineal
- Staubsauger, damit es hinterher keinen Ärger gibt

Und jetzt ab in den Bastelkeller …

1. Zunächst musst du die Wandplatten, die Bodenplatte und den Deckel aus den 5 Dämmplatten zuschneiden. Zollstock, Bleistift und Lineal sollten dir dabei helfen, genau zu arbeiten. Je schärfer das Messer, desto schöner werden die Kanten.

Miss vorher ab, wie hoch und breit dein Gäreimer inklusive Gärröhrchen ist. Wenn du im Besitz des weißen Standard-Gärbottichs bist, reicht es völlig aus, wenn die Wände deiner Gärbox 60 cm hoch und 50 cm breit sind. Für die Wände benötigst du demnach **4 Seitenplatten mit den Maßen 60 x 50 cm**.

2. Für die Bodenplatte und den Deckel halbierst du zunächst eine Dämmplatte der Breite nach, sodass du **2 quadratische Platten à 50 x 50 cm** erhältst. Eine Platte davon dient dir später als Deckel, die andere musst du nun noch auf **46 x 46 cm** kürzen.

3. Jetzt geht's ans Kleben und Fixieren: Die Holzspieße oder Zahnstocher dienen dir als Dübel, damit nichts verrutscht. Beim Klebstoff nicht sparsam sein, ruhig klotzen und bloß nicht kleckern. **Verklebe zunächst jeweils 2 Wandteile miteinander** und klebe diese dann anschließend an die Bodenplatte an. Nach 12 bis 24 Stunden ist der Kleber ausgehärtet. Anschließend kannst du deine Gärbox benutzen.

4. Bevor du deinen mit Bierwürze gefüllten Gäreimer am Ende des Brautages hineinstellst, klebst du die **Heizmatte** mit ein wenig Gewebeklebeband seitlich an den Bottich und stellst auf dem Thermostat deine Wunschtemperatur ein. Den Deckel der Box legst am Ende nur locker auf, sodass auch ein Teil der Gärkohlensäure durch einen Spalt entweichen kann.

TIPP TROCKENER STELLPLATZ FÜR DIE GÄRBOX

Suche für deine Gärbox unbedingt einen trockenen Ort, denn der verwendete Kleber ist wasserlöslich und deine Box soll ja möglichst lange überleben.

EXTRAPORTION HOPFENWISSEN

Hopfen wird ausschließlich zwischen dem 35. und 55. Breitengrad auf der Nord- und der Südhalbkugel der Erde angebaut – auf einer Gesamtfläche von 63.000 Hektar, was in etwa einem Viertel der Fläche des Saarlands entspricht. Die USA und Deutschland teilen knapp drei Viertel der weitweiten Hopfenanbaufläche unter sich auf. Die beiden größten Anbaugebiete der Welt sind das **Yakima Valley** im Nordwesten der Vereinigten Staaten und die **Hallertau** in Niederbayern. Hier sind die Anbaubedingungen ideal: Zum Wachsen findet der Hopfen an beiden Standorten eine perfekte Mischung aus Sonne und Regen vor. Und weil im Sommer die Tage 16 bis 18 Stunden lang sind, kommt der Hopfen überhaupt erst zur Blüte.

Wer im August oder September, kurz vor der Ernte, auf der A9 Richtung München unterwegs ist, wird einen guten Blick auf die mächtigen Felder in der Hallertau links und rechts der Autobahn werfen können: Beachtliche 6 bis 8 Meter können Hopfenpflanzen messen.

Rund 17.000 Hektar werden hier von Hopfenbauern bewirtschaftet, hier liegen 86 Prozent aller deutschen Hopfenanbauflächen. Die restlichen 14 Prozent verteilen sich auf Tettnang am Bodensee, Spalt in Mittelfranken, das Anbaugebiete Elbe-Saale und die Region um Bitburg.

Nobelhopfen aus deutschen Landen, Fruchtbomben aus den USA

Die traditionellen Tettnanger, Spalter oder Hallertauer **„Nobelhopfen“** sind bekannt für ihr feinwürziges, krautiges und blumiges Aromaprofil. Das passt vor allem zu klassischen Bierstilen wie Lager, Alt, Kölsch oder Weizen. Neben den aromatischen Sorten werden in Deutschland aber auch in großer Menge Bitterhopfen angepflanzt. Ihre Namen strotzen schon so vor Kraft: Man bittert mit Herkules, Taurus oder Magnum. Diese Sorten besitzen nur einen geringen Ölanteil, haben dafür jedoch einen sehr hohen Alphasäuregehalt, sodass nur wenig Hopfen nötig ist, um den gewünschten Bitterwert zu erreichen.

In den USA wachsen vorrangig Aromahopfensorten, die an unterschiedliche Südfrüchte erinnern. Der bekannteste aller amerikanischen **„Flavor Hops“** ist sicherlich der Cascade-Hopfen. Wie viele andere entstammt er einer Kreuzung aus klassischen alten und neuen wilden Hopfensorten. Das Ergebnis erinnert an einen Obstkorb voller Zitrusfrüchte, allen voran Grapefruit. Einige dieser ursprünglich aus dem Yakima Valley stammenden Sorten werden mittlerweile auch in vielen anderen Gebieten weltweit angebaut. Das Verrückte daran: Sie behalten ihre allseits beliebten fruchtigen Komponenten größtenteils, bekommen aber durch den Anbau auf einem anderen Boden zusätzlich ein noch komplexeres Aroma. Der Hallertauer Cascade bringt die erwartete Grapefruit mit ins Bier, trägt zudem aber noch eine würzige Aromakomponente in sich, die man von den hiesigen Nobelhopfen kennt. Doch auch in der Hallertau, z. B. im Hopfenforschungszentrum in Hüll sind eine Reihe von aromaölintensiven Hopfensorten gezüchtet worden, die es mit den amerikanischen Sorten in Sachen Fruchtigkeit aufnehmen können.

Welche Hopfenprodukte gibt es?

Du kennst den Hopfen bereits als Pellet, doch es gibt noch einige weitere Hopfenprodukte auf dem Markt.

Der **Grünhopfen** ist die frischeste Variante. Es handelt sich hierbei um die feuchten, gerade erst geernteten Hopfendolden, die ein grasiges Aroma ins Bier zaubern können. Allerdings muss Grünhopfen nach seiner Ernte zeitig verbraut werden, da er bereits nach wenigen Stunden sein besonderes Aroma einbüßt. Mittlerweile gibt es Grünhopfen aber auch in Konservendosen.

Hopfendolden, auch Rohhopfen genannt, werden nach der Ernte zunächst schonend getrocknet, damit sie lagerfähig werden. Dolden sind die Ähren der weiblichen Hopfenpflanze. Darin enthalten ist das wertvolle gelblich pulvrige Lupulin, aus dem wir im Brauprozess unsere Bitterstoffe und Aromen für das Bier gewinnen. Da die Dolden aber reichlich Platz im Braukessel einnehmen, sind sie für Heimbrauer wenig attraktiv.

Hopfenpellets haben gegenüber den Dolden einen klaren Volumenvorteil. Sie lösen sich im Topf sofort auf und ihre Aromatik verteilt sich in unserer Würze in Sekundenschnelle. Bei Hopfenpellets handelt es sich um Rohhopfen, der zu Pulver vermahlen und anschließend zylinderartig gepresst wird. Meist findest du beim Hopfenhändler Typ-90-Pellets. Das heißt, dass vor dem Mahl- und Pressvorgang 10 % Grünanteil entfernt wurden, sodass aus 100 g Rohhopfen 90 g Pellets werden.

Auf Kaufbierflaschen liest man häufiger den Begriff **Hopfenextrakt,** manchmal auch **Hopfenauszüge.** Dieses Hopfenprodukt wird von Heimbrauern selten eingesetzt, bringt es doch wenig Aroma ins Bier. Dafür ist es in der Großbrauerei von unschätzbarem Wert. Extrakt wird vor allem aus Bitterhopfensorten gewonnen und dafür eingesetzt, den Wert für die Bittere eines kommerziellen Brauproduktes exakt einzustellen.

Hopfenöle werden beim Heimbrauen hingegen immer beliebter. Mit ihnen kannst du z. B. dein Bier „nachhopfen“. Wenn es dir schlussendlich nicht hopfig genug ist, kannst du dem Selbstgebrauten im Glas ein paar Tropfen spendieren und dem Brauerzeugnis so nochmal ein völlig anderes Aromaprofil verpassen.

Ebenfalls recht neu auf dem Markt sind die sogenannten **Kryo-Hopfen (Cryo Hops®),** abgeleitet vom griechischen Wort „kryos“, zu Deutsch: Frost. Durch das kryogenetische Verfahren wird mithilfe von Stickstoff das Lupulin mit minimaler Oxidation und bei eisigen Temperaturen (-30 °C) aus der Dolde extrahiert. Das Ergebnis ist ein hochkonzentriertes Hopfenpulver mit sehr hohem Alphasäuregehalt und Aromaölanteil. Beim Brauvorgang benötigst du vom Kryo-Hopfen etwa nur die Hälfte der gewöhnlichen Menge an Pellets. Ein ähnliches Hopfenprodukt ist die neue Pelletform **nectar®.** Der Rohhopfen wird dafür zu einem hochangereicherten, öligen, harzigen Hopfenpulver konzentriert und anschließend zu Pellets weiterverarbeitet. Im Laufe des Verarbeitungsprozesses wird reichlich Grünanteil entfernt und der prozentuale Alphasäure- sowie der Ölgehalt verdoppelt sich.

BRAUWISSEN VON ULMER

Der Verlag Eugen Ulmer bietet Wissensdurstigen in Sachen Bier und Brauen ein breites Angebot. Ergänzend zum Buchprogramm kannst du dich mit Online-Seminaren schlau machen.

In **Craft-Bier einfach selber brauen: Brew it yourself** nehme ich dich Schritt für Schritt mit durch den Brauprozess und zeige dir, wie du einfach und unkompliziert dein erstes eigenes süffiges Pale Ale brauen kannst. Mit den Heimbrau-Basics in diesem Buch kannst du dein Lieblingsbier entwickeln und 10 weitere Rezepte für verschiedene Bierstile ausprobieren und variieren.

Mit **Noch mehr Craft-Bier selber brauen: Optimieren, variieren, experimentieren** tauchst du noch tiefer in die Welt des Bierbrauens ein. In diesem Buch findest du Antworten auf die häufigsten Heimbrauerfragen und erhältst nützlich Tipps von Szene-Brauern aus der Craftbierwelt. Außerdem erwarten dich 10 zusätzliche erprobte Rezepte zum Nachbrauen.

Mit **50 Craft-Bier-Rezepte: Kreative Biere einfach nachgebraut** kannst du dich richtig am Brautopf austoben. Die Auswahl an Rezepten in diesem Buch reicht von Klassikern wie Dortmunder Export, irischem Red Ale und belgischem Tripel bis zu Ausgefallenem wie Mango NEIPA, Coffee Stout und Melonenweizen. Alle Biere sind natürlich wieder leicht nachzubrauen, denn auch hier gilt mein Motto: „Keep it simple".

Für weiter Fortgeschrittene:
Jan Brücklmeier, **Bier brauen: Grundlagen, Rohstoffe, Brauprozess**, 512 Seiten

Jan Brücklmeier, **Bier verstehen: Sorten, Verkostung, Rezepte**, 416 Seiten

Online-Seminare von Jan Brücklmeier unter **www.ulmer-akademie.de/themen/selbstversorgung**

ulmer akademie

MEINE HÄNDLEREMPFEHLUNGEN

Es gibt einige Händler im Netz, die ich dir guten Gewissens empfehlen kann. Hier findest du alles, was zum Bierbrauen in den eigenen vier Wänden nötig ist.

Den Braumarkt (**www.braumarkt.com**) kannst du online, aber auch offline in Hamburg besuchen. Dort findest du eine riesige Auswahl an Equipment, Rohstoffen und auch viel Begleitliteratur. Bei Lukas Beckmann (**www.braumischung.de**) bekommst du indes fertige Braumischungen bestehend aus Malz, Hopfen und Hefe. So kannst du noch mehr spannende Bierstile kennenlernen oder einfach nur die Zeit fürs Zusammensuchen der Rohstoffe sparen.

Der Allrounder schlechthin unter den Braubedarfshops ist „Hopfen und mehr", zu erreichen über **www.hobbybrauversand.de**. Ein Großteil deiner Brauausrüstung wirst du hier finden können.

Auf jeden Fall solltest du auch auf **www.hopfen-der-welt.de** vorbeischauen. Alexander Welzel hat in seinem Shop eine riesige Auswahl an nationalen und internationalen Hopfensorten zu bieten. Hier findest du nicht nur Hopfenpellets, sondern unter anderem auch die hochkonzentrierten „Cryo Hops®".

Martin Resch ist in der Hallertau geboren und damit ein Kind des Hopfens. Seine Auswahl an Sorten ist riesig, außerdem vertreibt er exklusiv den Pelletstyp „nectar®". Zusätzlich bietet Martin mittlerweile auch Malze und Hefen an – alles zu super Preisen auf **www.hopfenhandel-resch.de.**
Die hochwertigen Braumalze von Bindewald-Malz werden über **www.pfalzmalz.de** zu einem wirklich fairen Kurs vertrieben. Außerdem findest du dort im Online-Shop exklusive Braumischungen von Paul Schüßler, meinem Brauwasser-Experten.

TOOLS, REZEPTE UND WISSEN IM NETZ

Kein Heimbrauer muss jemals wieder etwas im Kopf berechnen. Denn dafür gibt's im Netz viele hilfreiche Tools, die dir das Brauleben vereinfachen. Und auch Rezepte finden sich dort in Hülle und Fülle.

Auf **www.braureka.de** findest du eine Reihe sehr nützlicher Berechnungstools sowie weitere Rezepte, an denen du dich als Fortgeschrittener ausprobieren kannst.

Das **„Braumagazin"** (**www.braumagazin.de**) erscheint einmal im Quartal und kann kostenlos auf der Webseite gelesen werden. Die Autoren sind größtenteils Heimbrauer, die sich äußerst gut mit Bier und seinen Eigenschaften auskennen. Fortgeschrittene Heimbrauer haben daran richtig Freude.

Der **„Brewfather"** ist eine App, mit der du direkt über dein Smartphone deine eigenen Rezepte erstellen und deine Sude dokumentieren kannst. Bei der Rezepterstellung berücksichtigt er alle wichtigen Parameter wie z. B. deine Wasserbeschaffenheit, sodass am Brautag nichts schieflaufen kann.

Wenn du noch mehr über Kveik erfahren möchtest, solltest du Lars Marius Garshols Blog (**www.garshol.priv.no/blog**) besuchen. Nachzulesen ist hier sein kompletter Reiseweg und alle Einzelheiten zu Nachforschungen rund um die „Wunderhefe".

Das einzigartige Hobbybrauerforum (**www.hobbybrauer.de**) ist deine Schnellhilfeoption: Hier wurden unzählige Fragen zum Thema Bierbrauen schon einmal beantwortet. Die Community ist sehr aktiv und hilfsbereit. Nutze aber erst die Suchfunktion, bevor du eine Frage stellst, die vielleicht schon unzählige Male thematisiert wurde.

Auf **www.maischemalzundmehr.de** erwartet dich eine große Rezeptdatenbank mit vielen Bieren, die auch für Anfänger gut geeignet sind.

Und zu guter Letzt noch ein Tipp: Bookmarke dir direkt mal die Blog-Seiten meiner beiden Experten Paul und Dave. Auf **www.friediesbrauhaus.blog** und **www.malzundhopfen.net** wirst du immer wieder neue spannende Beiträge zum Thema Brauen finden können.

BIER- UND BRAUWISSEN ZUM NACHHÖREN

Diese Podcasts lassen sich bequem im Auto oder in der Bahn hören und bieten dir reichlich zusätzliches Wissen zum Biergenuss und Heimbrauspaß. Du findest sie auf den gängigen Plattformen im Internet.

In **„Just Brew It“** tauschten sich meine beiden Craft-Bier-Experten Paul und Dave lange Zeit regelmäßig über ihre Brauerfahrungen aus. Paul fehlt mittlerweile leider die Zeit, doch Dave führt den Podcast mit neuen Gesprächspartnern weiter.

Regine und Stefan berichten im **„HHopcast“** aus Hamburg über Neuigkeiten in der Kreativbierwelt. Zudem werden regelmäßig Brauer interviewt und deren Brautechniken unter die Lupe genommen.

Mein Biersommelierkollege Dennis und seine durstige Runde, die sich selbst auch nicht zu ernst nimmt, verkostet und bewertet beim **„Männerabend“** (**www.maennerabend.info**) spannende Brauerzeugnisse. Kurzweilig, bierlaunig.

Außerdem solltet ihr mal bei **„Craft Beer & Friends“**, dem **„Braucast“** und **„willybecher & meer“** reinhören, wenn ihr noch tiefer in die Welt der Bierherstellung eintauchen wollt.

GLOSSAR

Alpha-Amylase Im Malz enthaltendes Enzym, das während des Maischens Stärke in unvergärbaren Zucker umwandelt. Dieser bleibt unberührt von der Hefe und sorgt im Bier für Restsüße und Vollmundigkeit.

Alphasäure Inhaltsstoff des Hopfens, der für die Bitterung des Biers verantwortlich ist.

Anstellen Zugabe der Hefe.

Aromahopfen Hopfensorte mit einem hohen Ölanteil, betont das Hopfenaroma eines Biers.

Beta-Amylase Im Malz enthaltendes Enzym, das während des Maischens Stärke in vergärbaren Zucker umwandelt. Dieser wird in der Gärung von der Hefe zu Alkohol und Kohlensäure verstoffwechselt.

Bitterhopfen Hopfensorte mit einem hohen Alphasäuregehalt, optimal zum Bittern eines Biers geeignet.

Braugerste Getreide mit hohem Stärkeanteil, das zur Malzherstellung verwendet wird.

Dimethylsulfid (DMS) Fehlaroma; Verbindung, die ein Gemüsearoma erzeugt; vorrangig durch helles Malz in der Würze; wird beim Kochen ausgetrieben.

Ester Stoffgruppe, die für unterschiedliche, zumeist fruchtige Aromen im obergärigen Bier verantwortlich ist; entsteht während der Gärung (Gärnebenprodukt).

Fuselalkohole Gruppe von Begleitalkoholen, die unter anderem für den Kater am nächsten Morgen sorgen können; entstehen während der Gärung (Gärnebenprodukt).

Gäreimer Gefäß, in dem die Würze zu Jungbier vergoren wird.

Gärnebenprodukte Zusätzliche Gärprodukte neben Alkohol (Ethanol) und Kohlensäure; z. B. Ester, Fuselalkohole.

(Haupt-)Gärung Stoffwechselprozess der Hefe, bei dem aus Malzzucker Alkohol und Kohlensäure wird; Durchführung im Gäreimer.

Hauptguss Wassermenge, die zum Einmaischen des geschroteten Malzes Verwendung findet.

Hopfenpellets Gesäuberte und gemahlene Hopfendolden, anschließend in kleine zylindrische Einheiten gepresst.

IBU International Bitterness Units; Maßeinheit für die Bittere, die der Hopfen an das Bier abgibt.

Jodprobe Stärkenachweis mithilfe von Jod.

Jungbier Frisch vergorenes Bier, direkt nach der Hauptgärung.

Kalthopfung Auch Hopfenstopfen; späte Hopfengabe nach der Gärung, bei der sich ätherische Öle im Jungbier lösen und für auffällige Aromen im späteren Bier sorgen.

(Auf-)Karbonisierung Hinzufügen von Kohlensäure; im Heimbraubereich unter anderem durch den Nachgärungsprozess möglich.

Kräusen Durch die Hefe entstandene schaumige Oberfläche während der Gärung im Gäreimer.

Läutern Filterprozess, bei dem die zuckerhaltige Würze vom ausgelaugten Malz getrennt wird.

Maische Breiähnliches Gemisch aus geschrotetem Malz und erhitztem Wasser.

Nachgärung (Auf-)Karbonisierung des Biers und Abbau des Jungbiergeschmacks in der Flasche; Dauer: ungefähr 1 Woche.

Nachguss Wassermenge, die beim Läutern zum Herausspülen der Zucker aus dem Treber verwendet wird.

Plato Maß für die Stammwürze, den Zuckergehalt der Würze; °P (Grad Plato).

Rasten Phase im Maischprozess, bei der eine Temperatur für eine Zeit lang konstant gehalten wird.

Restextrakt Zuckergehalt im Jungbier zum Ende der Gärung.

Schüttung Als Schüttung bezeichnet man die Gesamtmenge aller verwendeten Malze pro Brauvorgang.

Stammwürze Zuckergehalt in der Würze; gemessen in °P (Grad Plato) mit der Bierwürzespindel im Spindelzylinder.

Treber Fester Bestandteil der Maische nach dem Läutern; ausgelaugtes Malz; kann unter anderem zu Treberbrot weiterverarbeitet werden.

Trubstoffe Eiweiße und nicht gelöste Hopfenbestandteile in der Würze (oder im Bier).

Umschlauchen Das Überführen der Bierwürze oder des Jungbiers in ein anderes Behältnis mittels Schlauch.

Vermälzung Verarbeitung eines Getreidekorns zum Malzkorn.

Vorderwürze Frisch geläuterter erster Anteil der Würze, bevor der Nachguss hinzugegeben wird; unverdünnte Würze.

Whirlpool Durch eine kreisförmige Rührbewegung erzeugter Strudel nach Ende des Hopfenkochens. Der Whirlpool bewirkt, dass sich am Boden des Einkochers ein Kegel mit Trubstoffen absetzt, der nicht in den Gäreimer umgeschlaucht werden soll.

Würze Flüssiger Anteil der Maische, auch Bierwürze genannt; wird im letzten Schritt mit Hefe zu Bier vergoren.

Würzekochen Kochprozess, bei dem die Würze zusammen mit dem Hopfen gekocht wird; dabei werden unter anderem die Bitterstoffe aus dem Hopfen herausgelöst.

NACHGESCHLAGEN

DER AUTOR

Ferdinand Laudage, 1982 geboren in Europas alter Bierhauptstadt Dortmund, ist PR-Schaffender und diplomierter Biersommelier. Seit 2013 braut er selbst Bier. Die Einsteigerliteratur ließ er damals links liegen und versuchte sich lieber als Autodidakt. Das ging anfangs natürlich mächtig in die Hose, aber: Aus Fehlern lernt man. Sein erlangtes Wissen rund ums Brauen und Genießen vermittelt er seit 2015 allen Interessenten in Brauseminaren und Bierverkostungen in seiner Bieragentur weiter.

Weitere Informationen zum Autor im Netz:
www.bieragentur-do.de

B
BRAU
DEIN
EIGENES
BIER
BRAUMARKT.COM
SHOP IN HAMBURG - BRAUKURSE - MIKROBRAUEREI

Die Nr. 1
für Haus- und Hobbybrauer
Hopfen und mehr
hobbybrauerversand.de
Schau vorbei!
Vielen Dank für Ihre Bestellung!
www.hobbybrauerversand.de/ungeduldige
info@hopfen-und-mehr.de
07528 96990-10
Hopfen und mehr GmbH | Hüttenseestraße 40 | 88099 Neukirch

BILDQUELLEN

Alle Bilder stammen von **Dominic Krause** mit Ausnahme der folgenden: Beckmann, Lukas: S. 9; Brauerei Flügge GmbH / Pietsch, Dominik: S. 6; Chebbi, David: S. 8 links; Schüßler, Paul: S. 8 rechts

Illustration Stoppuhr: Line - design/ Shutterstock.com

Durstige Models: **Ivan Vukoja & Hündin Elska**

Bibliografische Information der Deutschen Nationalbibliothek
Die Deutsche Nationalbibliothek verzeichnet diese Publikation in der Deutschen Nationalbibliografie; detaillierte bibliografische Daten sind im Internet über http://dnb.d-nb.de abrufbar.

Wollgrasweg 41, 70599 Stuttgart (Hohenheim)
E-Mail: info@ulmer.de
Internet: www.ulmer.de
Projektleitung: Christine Hutschenreuther
Lektorat: Anja Fleischhauer
Herstellung: Silke Reuter
Gestaltung und Grafik: Michaela Mayländer, Stuttgart, www.sistermic.de
Satz: Gerhard Junker, www.redsign.de, Stuttgart
Reproduktion: time:ray, Jettingen
Druck und Bindung: Firmengruppe APPL, aprinta druck, Wemding
Printed in Germany

ISBN 978-3-8186-2047-9